现代文化创意产品中
的视觉传达

刘　薇◎著

新华出版社

图书在版编目（CIP）数据

现代文化创意产品中的视觉传达 / 刘薇著 .
-- 北京：新华出版社，2022.9
ISBN 978-7-5166-6456-8

Ⅰ.①现… Ⅱ.①刘… Ⅲ.①文化产品—视觉设计—研究 Ⅳ.① G114

中国版本图书馆 CIP 数据核字 (2022) 第 173415 号

现代文化创意产品中的视觉传达

作　　者：刘　薇

责任编辑：李　宇　　　　　　　　　　　封面设计：沈　莹

出版发行：新华出版社
地　　址：北京石景山区京原路 8 号　　　邮　　编：100040
网　　址：http://www.xinhuapub.com
经　　销：新华书店、新华出版社天猫旗舰店、京东旗舰店及各大网店
购书热线：010-63077122　　　　　　　中国新闻书店购书热线：010-63072012

照　　排：守正文化
印　　刷：天津和萱印刷有限公司

成品尺寸：170mm×240mm　　1/16
印　　张：12.5　　　　　　　　　　　　字　　数：224 千字
版　　次：2024 年 1 月第一版　　　　　印　　次：2024 年 1 月第一次印刷

书　　号：ISBN 978-7-5166-6456-8
定　　价：72.00 元

前　言

　　近年来，在习近平总书记提出的"大力发展文化产业""建立文化强国"的号召下，在新时代"文化自信"的大背景下，文化发展成为社会关注的焦点，因此文创产业的发展也逐渐进入大众的视野，文化创意产品设计越来越成为当下热门的课题。当前，文创产业处于时代发展的前沿，涉及范围甚广，发展势头良好，人们也开始意识到非物质文化遗产创意产品中蕴含的附加值，纷纷参与文创活动。将视觉传达艺术元素融入非物质文化产品文创设计活动，是当前全面提升产品附加值的重要策略，也是满足大众多元化消费诉求的重要体现。视觉传达艺术不仅为文创产品设计提供了理论支撑，更以其设计理念和多元的表现方式为文创产品赋予了强大的生命力和活力。在信息技术快速发展的时代环境下，视觉传达设计的表现形式不同于其他艺术设计方法，突破了传统仅由文字简单、直接地表达信息的方式，更加注重具有象征性内涵的视觉符号的表现，以其独特的形式美学和视觉文化彰显出它独特的魅力。利用美学特征、人文精神、文化元素，将其与产品相结合，实现文化的传承与创新以及价值的重塑，最终形成文化创意产品。

　　本书共分为五章，第一章主要介绍是对视觉传达的概述，介绍了视觉传达的概念，包括视觉传达的定义、视觉传达的形态语言——点、线、面；指出了视觉传达的原则与特征；梳理了视觉传达的起源与发展史；总结了视觉传达的风格与流派。第二章主要介绍的是视觉传达的色彩之美，包括色彩的概念、色彩元素的设计原则，色彩美的配色规律如配色技巧、色彩搭配规律；分析了色彩美的表达方法、色彩设计中的文化与情感。第三章主要介绍了视觉传达的图文之美，主要包括图文设计中的视觉美感、创意表达、表现风格与技法。第四章主要介绍的是文化创意产品的基础知识，包括对文创产品的概念、基本特征以及基本分类方式的阐释。第五章主要介绍的是文化创意产品的设计方法、原则、文化体现以及经典案例赏析。

本书作者在撰写本书的过程中，得到了许多视觉传达设计专业的专家学者以及文化创意产品设计师的帮助和指导，参考了大量的学术文献，在此表示真诚的感谢。本书内容全面，论述条理清晰、深入浅出，但囿于写作水平有限，书中难免会有疏漏之处，希望广大同行和专家及时指正。

作者

2022 年 5 月

目　录

第一章　视觉传达导论

视觉传达是用形象与色彩将某种意义的内容表达出来。本章主要从宏观角度对视觉传达进行概述，主要内容包括视觉传达的概念、视觉传达的原则和特征，视觉传达的研究对象、视觉传达的发展史以及视觉传达的风格与流派。

第一节　视觉传达概述

一、视觉传达的定义

视觉是人类接收信息的主要途径，视觉传达设计师为实现公共信息的传播，对文字、图像、色彩等各种元素进行组织的行为。视觉传达设计创造具有美感的视觉形式从而使所传达的信息更准确、易读、引人注目。承载信息的视觉符号以经过设计的特定视觉形式由报纸、杂志、招贴、电视、互联网等大众媒介进行广泛传播，从而达到信息传达的目的。

视觉传达是指利用视觉符号来传递各种信息的设计。设计师是信息的发送者，传达对象是信息的接受者。简称为视觉设计。

二、视觉传达的形态语言

点、线、面是视觉传达要素的基本形态，所有的物体形态都可以分解为点、线、面。

（一）点

点是最小、最基本的平面构成要素，它是相对于周围的环境来说的一种概念，没有具体的尺度和指向性，但有大小、形状、位置、面积、颜色等元素（图 1-1-1 ）。

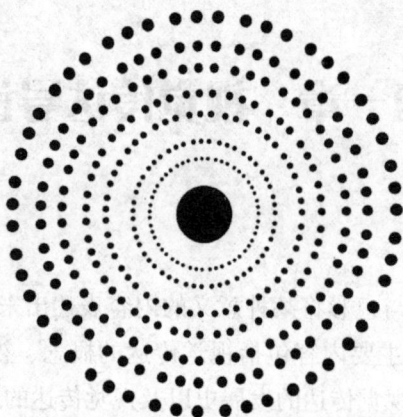

图 1-1-1 大小不同的点

1. 点的组合

点虽然看起来不起眼，却拥有无限的表现力，可以通过不同形式的组合创造出多姿多彩的形态。

（1）点的有序组合。将多个相同的点有规律地组合起来，或者是以相同的方式不断重复，或者是有序地进行渐变，这样的组合就是有序组合。点的有序组合可以营造出稳定或是有节奏的空间感（图 1-1-2 和图 1-1-3）。

图 1-1-2 富含节奏动感的有序组合

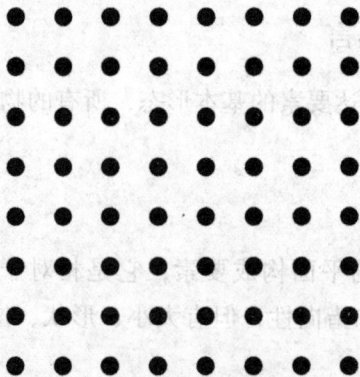

图 1-1-3 表现出稳定感的有序组合

（2）点的自由组合。将不同大小或形状的点以无规律的、自由的形式进行组合，可以给人以涣散的视觉体验，如天空中的点点繁星（图1-1-4）。

图 1-1-4 点的自由组合

（3）点的线化组合。缩小点与点之间的距离可以形成线的感觉，在这种线化组合中，点的间隔越小，线化效果越明显。如果是从小到大排列的点的线化组合，则能凸显出空间的变化，给人以由强到弱的空间感（图1-1-5）。

图 1-1-5 点的线化组合

（4）点的面化组合。将无数的点向四周无限扩展，就能形成虚幻的面。如果是不同大小和不同距离的点的组合，那么形成的面则会有凹凸不平的变化（图1-1-6）。

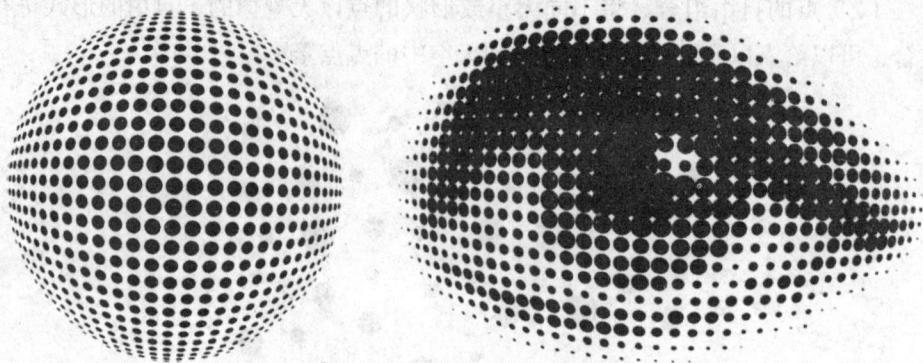

图 1-1-6　点的面化组合可以构成不同的图形

2. 生活中的点

在我们的生活中，点的形态是丰富多彩的，如一些体积很小并且分散的物体，如豆子、沙砾等；也有些是由于距离太远而在人们眼中形成了点的形态，如浩瀚宇宙中的大小星球、广袤草原上的牛羊群等（图 1-1-7 和图 1-1-8）。

图 1-1-7　散落的豆粒

图 1-1-8　草原上远处的奶牛成点

（二）线

几何学上的线，指的是点的移动轨迹，只具备基本的长度、方向和位置的概念，而没有宽度、厚度等元素。而文创产品设计的形态构成中的线，不仅具有宽度和厚度，更具有形状、颜色、肌理等（图 1-1-9）。

图 1-1-9　对粗细相同的线进行规则排列，极具韵律感

1. 线的分类

线可以分为直线和曲线两种类型。

直线包括斜线、折线、虚线，是在两点之间直接引出的一条线，可以表现出一种具有男性象征的、代表男性的阳刚品格的力量美。因此，直线给人的心理暗示是刚硬、果断、理性、直率。

不同的直线给人的感觉不同，粗直线给人以厚重感；细直线看起来则纤细、敏锐；锯齿状的直线让人感觉焦虑不安；粗糙的直线会让人产生受阻的苦涩感。

曲线又分为几何曲线和自由曲线，几何曲线有很强的规律性和有序性自由曲线则富于变化，带有节奏感。曲线多象征女性，给人以柔美、感性、优雅的心理暗示。

2. 自然形态的线

在自然形态中，线有着多种状态，它可以是物体的轮廓，也可以是一种延续且具有方向性的视觉反映（图1-1-10和图1-1-11）。

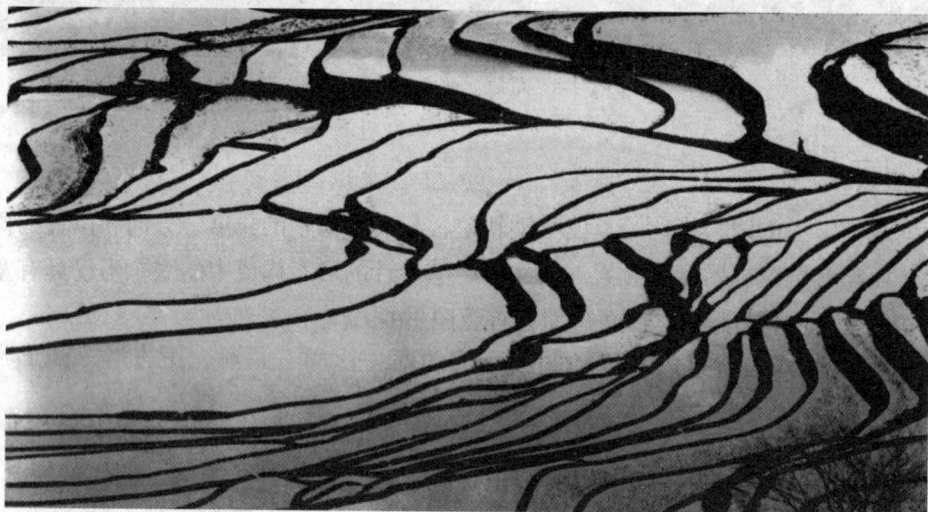

图 1-1-10　层层叠叠的梯田顺势而下，形成不规则的柔和曲线

图 1-1-11　错落有致的屋顶瓦片形成整齐的线条

（三）面

1. 面的形态

面，是点与线的集合，既可以说是点的密集或扩大，也可以说是线的聚集或闭合。

几何形其实就是由直线和曲线形成的面，比如三角形、正方形、圆形、菱形、梯形等。

几何形在文创产品设计中可以表现出规则、秩序、理性、简洁、明快的视觉效果，其中不同的几何形面又会给人不同的感受。

有机形是相对于几何形来说的，富有自然性特征，是不能用数学方法求得的形态。有机形的特征是在视觉上表现出生命的韵律，比如自然界中的花朵、树叶（图 1-1-12）等都是有机形。

图 1-1-12　自然界中的有机形——花朵、树叶

偶然形可以是自然形成的面，也可以是人为偶然形成的面，其形成过程是不能被控制的，典型的如地面上的水渍痕迹就是偶然形。

不规则形是人为创造的面，是人们用各种自由的线条构成的平面造型，它给人的感觉是随意、亲切，富有鲜明的个性特征。

2. 生活中的面

面也是生活中一种常见的形态，优秀的文创产品设计师们总能从随处可见的"面"中汲取灵感，并运用到自己的创作当中（图 1-1-13 和图 1-1-14）。

图 1-1-13 高耸的古城墙面

图 1-1-14 整齐的民居墙面与路面

第二节 视觉传达的原则与特征

一、视觉传达的原则

（一）对称与均衡原则

1. 视觉平衡原理

视觉传达设计的作品很多时候都是在某一限定空间中来处理造型。这就对了设计者平衡感掌握有较高的标准，只有做到这一点，才能更好地进行图形配置。

事实上，我们在艺术设计或现实生活中也一直都在谋求一种平衡，目的就是为了让自己的心灵上足够安定。平衡原指衡器两端重量相等的现象，由此现象可将平衡分为对称与非对称两种基本类型。在视觉艺术方面，除了雕塑、装置等与实际重量有关的作品之外，更多的还是视觉上的平衡。

2. 对称的原则

对称是视觉传达设计应该遵循的一个最基本的原则。从视觉艺术的角度来看，对称通常包括严格的两侧对称和相对的两侧对称。通常情况下，只要是在视觉上给我们呈现的感觉是对称的，就可以将它称为对称形式。现实生活中，有很多对称结构的事物存在于我们的周边。而人们可以从生活中的一些自然或人工设计的事物中去发现并感受其中体现的对称之美。

3. 均衡的原则

现实中，除了可以使用对称进行造型，我们还可以通过均衡的手段来使设计的作品达到视觉上的平衡。在视觉均衡的重量方面主要有以下规律：

（1）靠近画面边缘的形态，在视觉上重量重，而靠近画面中心的形态重量轻。因此，一个靠近画面边缘的较小的形态可以平衡一个远离画面边缘的较大的形态。

（2）形态面积越大，在视觉上的重量就越重，也更加引人注目。要想平衡一个较大的图形，需要两三个较小的图形才能达到。

（3）形态复杂的在视觉上比形态简单的重量要重。因此一个较小的复杂的形态可以平衡一个较大的简单的形态。

（4）色彩明度越低，视觉重量越重。

（5）暖色比冷色在视觉上更重，所以一个较小的暖色形态可以平衡一个较大的冷色形态。

（6）在色彩的纯度上，纯度高的在视觉上显得更重。此外，方向也是影响视觉平衡的一个重要因素。

（二）节奏与韵律原则

节奏与韵律通常是相互依存的，节奏指的是一种有规律的、均匀的重复，韵律则是在重复中体现出的有强弱起伏的规律性的变化。

在产品设计中，我们可以通过重复的图形、图形的递增或递减以及远近方向来表现节奏与韵律。

（1）以重复的图形营造节奏感与韵律感

将文字、图形或者色彩等视觉要素按照固定的规律不断地进行重复，可以使作品的版面结构形成很强的节奏感与韵律感。

（2）以递增或递减的图形营造节奏感与韵律感。将图形按照由高到低或由低到高的顺序进行摆放，可以使版面产生动感，从而增强其节奏感与韵律感。

（3）以远近方向来表现节奏感与韵律感。按照一定的方向，摆放相同的图形，由于方向的指向性效果，可以使版面有很强的延伸感，能表现出强烈的节奏感与韵律感。

二、视觉传达的特征

（一）时代特征

当今的时代飞速发展，瞬息万变，在视觉设计领域，一切艺术形式，如服装设计、平面广告设计、环境艺术设计、商业摄影、企业形象设计等，都会用到视觉符号。这些视觉符号既能抽象也能具象；可以是图形，也可以是图像；既能是严肃的，也能是轻松的；它甚至还可以具有人类的表情，可以展示人与自然的和谐状态。当代设计师都非常注重在自己的作品中巧妙地运用视觉符号来提升最终的设计效果，形成自身独特的设计风格，增强设计作品的视觉感染力。

（二）商业特征

视觉传达设计是为现代商业服务的艺术，主要包括标志设计、广告设计、包装设计、店内外环境设计、企业形象设计等方面，由于这些设计都是通过视觉形象传达给消费者的，因此称为"视觉传达设计"，它起着沟通企业—商品—消费者桥梁的作用。

（三）互动特征

互动性强调的是视觉传播中的双向沟通与互动，是为了更好地观看而使用的技术手段，如通过结合影像、动画和录像等技术手段使人们有效、迅速地交换文字、语言、面部表情、影像等重要沟通因素，可获得良好的沟通情绪和"临场感"，从而通过大脑做进一步的分析，转换为信息，并且和过去的经验相互比较，根据自己的理解做出相应的反馈。

第三节　视觉传达的起源与发展史

一、视觉传达的起源

有研究者认为，自人类懂得思考那一天就产生了视觉传达。这是因为人类要在日常生活中借助某种外物来记录下自己的思想和活动。最初的记录工具主要是实物，如结绳记事（图 1-3-1）。随着社会的发展以及生产力的进步，早期的人类开始通过图画来记录，借助于可视线条来表达自己对某种事物的认知形象。其中，图腾是最具代表性的图画标志。20 世纪中期以后，在科技革命的推动下，产生了电视机、录像机等电子设备，信息传播媒介也相继产生，产生了新的传播渠道，信息传播迅速和范围都是空前的。

这期间，文字的产生使语言的视觉形象日渐符号化、规范化，这也更加方便人们快速地识别与记录有用的信息。

此后，计算机技术的快速发展为视觉传达领域带来了新的发展机遇与挑战，在设计形式、设计内容上都做了前所未有的革新，促使视觉传达设计朝着多元化方向发展。

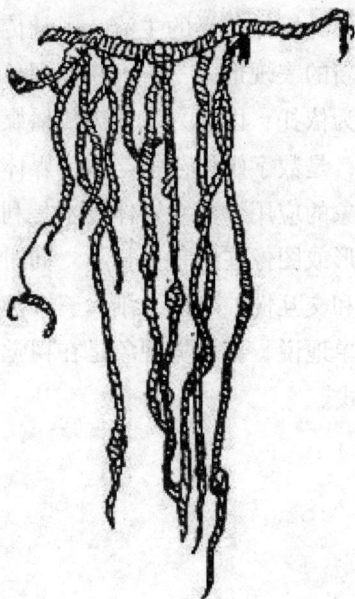

图 1-3-1　结绳记事

二、视觉传达的发展史

从视觉传达设计发展历程来看，初期设计师运用纸、笔等绘图工具，通过手绘的方式在画纸上绘制出作品，绘制作品需要耗费大量的时间和精力，这便是视觉传达设计的第一个时代——纸质媒体时期。纸质媒体时期是视觉传达设计中最基本、传播时间最长的阶段。随着计算机的发明与应用，影像媒介进入视觉传达设计领域，宣告一种新的视觉形式产生，这是计算机图形化技术在设计表现中第一次渗透，是艺术与技术的一次联盟。它开创性地运用计算机软件技术创造出视觉图形，缩短了视觉作品设计的周期，这是视觉传达设计的第二个时期——映像媒体时期。随着数字媒体与视觉传达设计的不断融合和发展，传播媒介不断更新，平面视觉表现向三维视觉表现过渡，一些艺术观念在艺术活动中不断实践而延伸出新的视觉表现形式。与此同时，视觉表现迈进了以动态表现、新兴媒体为代表的第三个时期——数字媒体表现时期，这是数字媒体技术和数字艺术在视觉传达设计中的第二次渗透，它的核心是新兴媒体和视觉传达设计的一次交融，使视觉传达设计表现有了更多的表现语言，同时拓展出其他视觉效果，如网页设计、UI设计、多媒体展示设计等。可以说新视觉设计重新诠释了视觉表现的方向和手段。

视觉传达设计经历了纸质媒体、映像媒体和数字媒体三个时期，在设计多元化的今天，数字媒体已经成为媒体传播的主流，视觉传达设计的发展也不断融入新的艺术表现形式，产生新的表现形式——新视觉现象。新视觉现象的形成是以数字艺术和数字媒体技术为依托，以新兴媒体为传播媒介给视觉传达设计表现形式带来的一次革命性改变，是数字媒体艺术与数字媒体技术在视觉传达设计领域中以视觉信息源为表现对象的应用，数字媒体技术是利用计算机图形学和图像处理技术，将数据转换成图形或图像在屏幕上显示。同时，新视觉现象的表现形式更加多样化，具有立体感和交互性，可以二维、三维甚至多维的形式全方位地展示出视觉作品的效果。简单地说，新视觉现象是在视觉传达设计范围内以数字媒体为载体的新视觉表现形式。

第四节　视觉传达的风格流派

一、"海报风格"运动

"海报风格"运动是欧洲在第一次世界大战前后出现的"图画现代主义"，它在视觉传达设计运动中占据重要的位置。其主要特点是使用简单的图形、平涂色彩、鲜明的文字来设计商业类型的海报，来加强对视觉传达设计的宣传力度。

二、后立体主义图画现代主义

第一次世界大战结束之后，"同盟国"各国家和美国急需恢复本国经济，修复战争造成的各种创伤。世界进入了短暂的和平时期，欧美国家的经济也迎来了繁荣发展的时期。这一时期，歌颂机械的立体主义艺术作品，成为视觉传达设计的重要借鉴，同时，欧洲产生了新设计运动——"装饰艺术"运动。一批艺术家和视觉传达设计家利用绘画上的立体主义和设计上的"装饰艺术"运动特点，将二者综合起来成为新的视觉传达设计风格，从而形成了以立体主义的绘画为核心的所谓"后立体主义图画现代主义"设计运动。

三、"装饰艺术"运动

"装饰艺术"运动是装饰运动在 20 世纪初的最后一次尝试，它采用手工艺和工业化的双重特点，采取设计上的折中主义立场，设法把豪华的、奢侈的手工艺制作和代表未来的工业化特征合二为一，以产生一种可以发展的新风格。

四、包豪斯

1919 年，魏玛市立美术学院和魏玛市立工艺美术学校合并成一所设计学院——公立魏玛包豪斯学院，简称"包豪斯"。包豪斯的教学思想融合了 20 世纪初欧洲各国对于设计的新探索与试验成果。在长期的发展过程中，包豪斯成为集欧洲现代主义设计运动之大成的中心，将欧洲的现代主义设计运动推到一个空前的高度，并将其影响、发展成为国际主义风格。包豪斯的产生不是孤立、偶然的，而是有其深刻的社会根源和思想根源的。

第二章　视觉传达中的色彩之美

由于许多学者和理论家为色彩的研究做出了杰出的贡献，我们才得以知晓那神秘的色彩的基本规律，原来自然界存在的色彩可以全部分布在色彩体系的坐标轴上。本章主要介绍的是视觉传达设计中的色彩，包括色彩设计，产品设计色彩美的配色规律、表达方法，以及色彩设计中的文化与情感。

第一节　色彩设计的概述

一、色彩的概念

色彩是指当可见光谱内的波长与人眼接收器相互作用时所感知到的物体性质。它由三种主要的属性定义：色相、明度和饱和度。色相是色彩中的主波，比如，红色、蓝色、绿色、黄色等。明度指色彩的明暗程度。饱和度描述色彩从纯色到灰色的强度。

色彩是设计师在设计中建立对比和个性的主要手段。它经常在具有许多其他共同属性的元素之间进行区分。这样做，它能够将注意力导向较大结构中的特定元素，从而建立关系，如果所有元素都是相同的色相、明度或者饱和度，那么这种关系就不那么明显了。

色彩通常是视觉传达中吸引注意力最有力的属性之一。它可以定义空间中元素的位置，表示一些元素对其他元素的重要性，并表达情感。

二、色彩元素的设计原则

（一）色彩保持平衡原则

色彩元素的设计要保持一种平衡，这种平衡包含两种形式，一种是对称平衡，另一种是非对称平衡。对称平衡不难理解，生活中有很多这样的例子，如人体、动植物等，有着单纯、完整、平稳等特性，但同时也会有单调、乏味之感。非对称平衡就是不追求绝对平衡，只追求视觉重心的平衡，能够带给人一种灵动、活泼之感。例如，在配色构图时，暖色纯色调的面积要小于冷色、浊色的面积，明亮的色彩要置于暗淡的色彩之上，这样可以保持画面的平衡（图 2-1-1）。

图 2-1-1　色彩的平衡

（二）呈现色彩节奏原则

是不是只有音乐才有节奏？当然不是，文创产品设计中的色彩也能呈现出不同的节奏。这种节奏包括色的渐变节奏、色的重复节奏和色的运动节奏三种形式（图 2-1-2 至图 2-1-4）。

色的渐变节奏是通过色相、明度、纯度、形象、面积等因素的渐变，来产生鲜明、规律的韵律感。

色的重复节奏是通过重复某一色彩的组合，从而产生富有秩序和条理的节奏，体现出一种秩序美。

色的运动节奏是通过色相与明暗的对比、重心偏移等，使画面产生运动的节奏感。

图 2-1-2 色的渐变节奏

图 2-1-3 色的重复节奏

图 2-1-4 色的运动节奏

（三）色彩相互呼应原则

色彩对比突出能够产生独特的效果，但如果色块差别太大，就容易失去色彩平衡，所以在色彩设计中应重点考虑色彩之间的呼应关系，从而使视觉上达到平衡。具体可以通过对点、线、面等进行疏密、虚实、大小调整，使画面达到和谐美（图 2-1-5）。

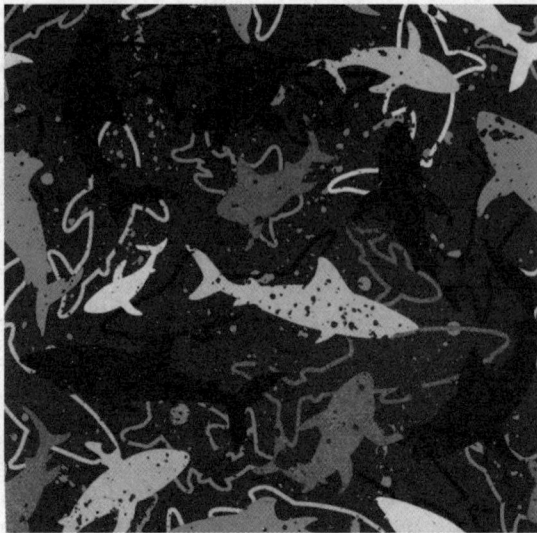

图 2-1-5　色彩的呼应

（四）色彩比例合理原则

在文创产品设计中，色彩的比例要恰当合理，即整体与局部、局部与局部之间要形成有秩序的比较。一般情况下，色彩的比例是随形态和配置产生的。因此可以通过调整各单位的尺度，同时进行有序排列，从而产生不同的视觉效果（图2-1-6）。

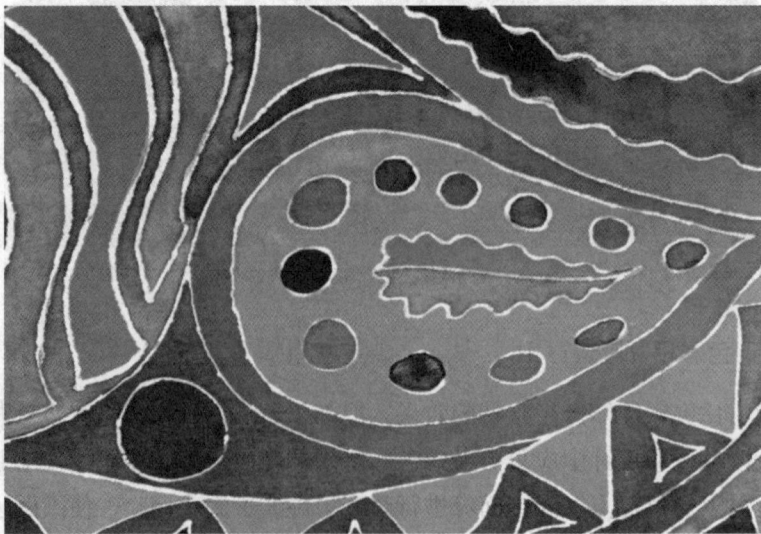

图 2-1-6　色彩的比例

第二节 色彩美的配色规律

一、色彩的配色技巧

（一）立体配色

色立体中，任何直线、弧线、椭圆、螺旋的有秩序的方向排列，所选用的配色都是调和的。

（二）成角配色

在色环中利用三角、多角等形成的搭配称为三角或多角搭配。三角和多角的形状不同，在色环中所取色彩不同，按照这种方法可以获得各种配色方案。常见的配色方案有三角配、四角配、八角配、多角配、对角配、邻近色配、无极色配等。

二、色彩的搭配规律

色彩与色彩相互搭配，构成了一幅幅精美的画面。如果搭配不当，想要构造出精美的画面是不可能的。所以，掌握色彩搭配的规律和方法很重要。

（一）同类色搭配，塑造简明画面形象

具有相同色相的一类色彩称为"同类色"。同类色的色彩差异并不明显，其识别主要依靠它们的明度和纯度变化。在设计中，搭配使用同类色，可以塑造出和谐统一、十分简明的画面印象。

同类色搭配主要包括同类色对比与同类色调和两种方式：

同类色对比就是对同类色在明度和纯度上加以区别，从而形成对比关系。在文创产品设计中采用这种配色方式，可以使整个画面的风格达到统一，而且会使画面显得更加生动细致（图2-2-1）。

同类色调和就是降低同类色之间的对比度。但在设计中使用这种配色方法会使画面显得没有活力，为了避免这种情况，常会将此类色彩运用于画面的局部，以突出背景或主体物。

图 2-2-1 同类色对比

（二）类似色搭配，缔造协调画面

类似色是指在色相环（图 2-2-2）中夹角在 15°～30° 之间的两种颜色。相较于同类色，类似色的差异更明显一些。将类似色运用于文创产品设计中，可以塑造协调感的画面。

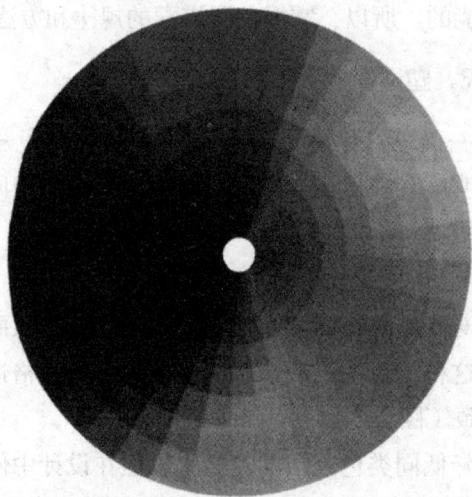

图 2-2-2 色相环

类似色的搭配包含类似色对比和类似色调和两种形式：

类似色对比就是用其他要素将两种类似色加以区分，形成纯度或明度上的对比。

类似色调和则是通过降低类似色之间的对比性，使得视觉上达到相互照应的关系。

（三）邻近色搭配、成就非凡表现力

邻近色指的是色相环中夹角在 60°～90° 之间的色彩。相较于同类色和类似色，邻近色之间的对比度更加明显。在文创产品设计中搭配使用邻近色，可使画面展现非凡的表现力。

邻近色搭配包含对比与调和两种形式。

邻近色对比是指通过特定的搭配方法来增强邻近色之间的对比性，从而增强色彩的锐利感，丰富受众的视觉体验。

（四）对比色搭配，加深视觉印象

什么是对比色呢？色相环中夹角为 120° 的两种色彩即为对比色。对比色之间的差异是非常明显的，在文创产品设计中合理利用对比色之间的差异，可以打造出理想化的画面效果。

具体来说，对比色搭配包括强对比和弱对比两种形式：

对比色本身就有着强烈的视觉效果差异，在文创产品设计中，将对比色按照水平、垂直、斜向的方式排列在一起，不仅能在布局上形成强烈的对比，在视觉上也非常具有感染力和冲击力（图 2-2-3）。

图 2-2-3　强对比

弱对比就是降低对比色之间的对比性，或者缩小其在画面上的面积比例，进而起到弱化对比的效果。在文创产品设计中弱化对比色的对比性，可以使画面更加协调和张弛有度。

（五）无彩色搭配，突出画面特殊情感

在众多色彩中，除去有彩色，其余则是无彩色，常见的有黑、白、灰3种。合理搭配使用单纯、直接的无彩色，可以让人留下深刻的印象，获得特殊的感受。

黑色总是给人庄重、沉稳的感觉，在画面中大量使用黑色，能够让人产生阴暗、深邃的感觉。

白色往往给人一种明亮的视觉效果，在情感上容易使人联想到光明和希望等。在文创产品包装设计中运用白色，可以显著增强画面的明朗感，使人印象深刻。

介于白色与黑色之间的灰色在视觉上容易给人一种朦胧的感觉，将其用到设计之中，可以使画面呈现含蓄、柔美的效果。

（六）多种有彩色搭配，制造画面热闹效果

在文创产品设计中，还可以搭配使用多种有彩色，从而制造热闹、欢乐的氛围和视觉效果。但要注意，在搭配使用多种有彩色时，要进行合理的调整，从而打造出合理的效果。

第三节　色彩美的表达方法

一、兼顾统一与局部的关系

当我们在观看和欣赏一件产品时，视觉会被产品的整体色彩色调所吸引。由此可见，色彩在视觉传达设计中的重要性，设计者要多元化地运用色彩，正确处理好产品的色彩在整体和局部的关系。通常，一件产品的色彩都有主颜色和点缀色。其中主颜色在产品包装上所占的比例是最多的，它在很大程度上决定着产品的整体作用。在整个设计过程中，主体颜色对品牌理念和品牌定位都有着重要的作用，而点缀色在产品整体中的范围虽然较小，却在整体上起着画龙点睛的作用，甚至有时候能在第一时间吸引住观众的视觉。

所以，在设计产品的色彩布局的时候，要想提升整体作品的视觉冲击力，设计师可以尝试通过面积悬殊较大的布局方式来提升产品的直观性。以"可口可乐"

和"百事可乐"的外包装设计为例，设计师就采用了上述色彩布局方式。再加上长期的广告宣传，可口可乐的标志性红色和百事可乐的标志性蓝色已经在越来越多的消费者的心中打上了深深的烙印。现在，这两种标志性色彩的运用也反过来大大促进了企业的宣传效果。与此同时，设计师在保障色彩的统一性的同时还应该注重适当地调整产品的局部色彩，从而增强产品画面的整体视觉效果，只有在兼顾统一与局部关系的基础上才能向受众呈现出最佳的视觉传达设计成果。

二、突出产品的主题内容

只有当一件产品的主题突出时，才能真正吸引住受众的视觉，而用好色彩就是有效凸显主题的一种有效方法。当然，仅仅使用在视觉上有较强冲击力的颜色是远远不够突出主题的，还应该合理地运用色彩对比以及色彩之间的差异性，这样才能真正让整个作品的主题被凸显出来，消费者就能够透出色彩读出作品的主题，从而增强他们的购买欲望。

第四节　色彩设计中的文化与情感

一、色彩设计与文化

（一）中国传统色彩文化

传统色彩体系在几千年的历史发展长河中始终都是中华民族的文化表征之一，贯穿于古代农业社会时期，甚至在日本、韩国以及东南亚地区都受到很大的影响，并被应用到现实社会生活的各个方面。中国传统色彩拥有丰富的内涵，极具传承价值，同时，它还随着社会的进步与时俱进，不断更新。

如彩陶，是指在陶坯上，用天然矿物质颜料描绘后，入窑烧制而成的一种中国传统器皿。彩陶是中国新石器时代最有代表性和最有特色的文化遗迹。色彩伴随彩陶发展的始终，传达了古朴率真的原始色彩情调，其色彩是世代相传的，在各类艺术品中形成了具有代表性的色彩特征。

唐三彩是唐代三彩陶器的简称，它以造型生动、逼真、色彩艳丽和富有生活气息而著称。多以黄、褐、绿三色为主。唐三彩在色彩的相互辉映中，以色彩为主要装饰手段，色彩效果浓重、热烈、素雅、平静，展现出堂皇富丽的艺术魅力。

青铜器色。青铜器承载着中国数千年的历史和文化，闪现着华夏祖先的智慧。青铜器是先辈们根据当时的价值观念、思想意识、生活经验创造出来的卓越精神载体。这些精神财富在人类漫长的历史岁月中，大部分都以文物的形式保存下来。这些历史遗珍是我们了解先民精神世界不可缺少的重要资源。青铜器之所以称为"青铜"，是因为铜氧化后的颜色是青灰色或青绿色，但青铜器并不是制作初期就发青色。古人把青铜器称之为"吉金"，因为许多青铜器刚制作完成时，呈现出的是美丽、闪耀的金黄色。汉以前的文献中所说的"金"，往往指的是青铜。当然，根据铜、锡合成比例的不同，青铜器也会有银白色和淡黄色。青铜器的外形多以方形为主，色彩显示出青铜质地的厚重与坚硬，质朴与沉着，神秘而威严，这些独有的艺术特征，为我们借鉴色彩提供了丰富的表现内涵，其灰绿色调会形成既神秘又质朴的色彩品格。

（二）色彩与地域文化

在产品设计过程中巧妙地运用色彩，能够对产品的最终效果起到一个补充的作用，还能有效对受众的视觉感官产生明显的刺激。不同的地域在色彩的偏好上有着明显的差异，所以，设计师在文创产品设计过程中可以巧妙地将地域色彩符号，充分发挥其艺术魅力。例如，徐州磁盘的设计理念中就巧妙地融入了汉画中的比翼鸟吉祥兽造型元素，从而设计出具有徐州地方特色的文化创意产品再根据整体上的造型，创造出特色鲜明的创意产品。

二、色彩设计与情感

色彩是人通过眼睛、大脑和生活经验而产生的一种对光的视觉效应。色彩有着丰富视野、触动心灵的力量。在视觉传达中，相较于其他元素，色彩给人的视觉冲击力更强，这源于色彩的独特之美。色彩之美不仅是视觉上的，也是心灵与情感上的。

（一）情感炙热的红色

红色总是能让人产生丰富的联想，看到红色，炙热的太阳、娇艳的玫瑰、火红的晚霞纷纷出现在脑海中。红色好似有一种魔力，总能凌驾于其他色彩之上，给人留下深刻印象。这是因为红色波长最长，穿透力极强，感知度很高。

正面联想：热情、生命、活力、喜庆、温暖、艳丽、爱情。

负面联想：血腥、嫉妒、死亡、危险、警告、停止。

（二）复古愉悦的橙色

橙色是当之无愧的第一温暖色彩，也是欢快活泼的色彩。看到橙色，总能使人联想到金色的秋天、丰硕的果实和快乐的感受。

正面联想：热情、光明、温暖、喜悦、活泼、健康。

负面联想：疑惑、嫉妒、警告、危险。

（三）明快悦动的黄色

黄色是一种明度极高的颜色，有着与生俱来的尖锐感和扩张感。黄色有着鲜亮的色彩和金色的光芒，是照亮黑暗之光以及财富和高贵的象征。黄色是明快、轻盈、活泼的色彩，常给人一种温暖、兴奋和愉悦的感觉。

但黄色也有着轻薄、颓废、不稳重的特点，所以在使用黄色时，要掌控好黄色在版面中的面积。

正面联想：辉煌、活泼、轻快、醒目、明亮、温暖、愉悦、财富。

负面联想：轻薄、颓废、不稳重、虚浮、警示。

（四）朝气蓬勃的绿色

绿色是森林的颜色，是能让人倍感轻松、赏心悦目的色彩，代表着自然、环保，象征着生命、青春、希望、信任。但绿色也存在视觉冲击力不足的缺点，识别度不高。

正面联想：自然、环保、和平、青春、健康、希望、宁静、和谐、安全。

负面联想：嫉妒、卑鄙。

（五）清爽沉稳的青色

青色是一种介于绿色和蓝色之间的色彩，有深浅之分。浅青色会给人一种清爽之感，深青色则给人一种忧郁之感。

正面联想：清爽、伶俐、淡雅、欢快。

负面联想：冰冷、阴沉、忧郁。

（六）沉着恬静的蓝色

蓝色是天空与大海的颜色，是深远、冷静的色调。抬头仰望蓝天，放眼眺望大海，总能让人内心变得安静。蓝色分为很多种，浅蓝色能让人感受到自由和活力，深蓝色则给人沉稳、宁静的感受。

正面联想：纯净、冷静、理智、安详、沉稳、广阔、美丽。

负面联想：无情、阴郁、古板、冷酷、寂寞、严苛。

（七）华丽梦幻的紫色

紫色由红色和青色混合而来。紫色总是散发着一种优雅、高贵、神秘之感。

正面联想：优雅、梦幻、神秘、高贵。

负面联想：冰冷、孤傲。

（八）无色彩之黑白灰

黑色象征着黑暗，代表着悲伤、死亡。但黑色也是一种尊贵的色彩，象征着庄重、严谨。

正面联想：庄严、大气、品质、力量、严肃、尊贵、崇高。

正面联想：沉闷、阴暗、恐怖、暴力。

白色是最为含蓄的色彩，被人们誉为纯净、正义之色，是纯洁、朴素、明快的代表。

正面联想：圣洁、纯真、清淡。

负面联想：恐怖、沉闷、阴暗。

灰色是黑色与白色之间的色调，低调沉稳，象征沉稳与高级。

正面联想：高雅、低调、艺术、传统。

负面联想：压抑、消极、寂寞、无情。

第三章　视觉传达中的图文之美

图形和文字作为视觉传达设计中最重要的造型要素，在功能上具有信息传播性、情感传递性和视觉审美性，在视觉上具有直观性、艺术性和实际应用性。本章主要介绍的是视觉传达设计中的图文之美，包括产品图文设计中的视觉美感、创意表达以及图文设计的表现风格与技法。

第一节　图文设计中的视觉美感

一、图形设计

（一）图形的表现元素

1. 正负图形

正负图形是指两种图形元素之间形成相互依存的关系，你中有我，我中有你。正负图形能够充分利用画面的每个空隙，生动地表达图形的特有含义。

2. 异影图形

异影图形，顾名思义，影子变形的图形，这里是指在光的作用下，或者将物体投射在凹凸不平的平面上，客观物体没有表现出原状，它的影子发生了一定变化的图形。

在进行图形元素设计时，可以利用这一点达到特殊的效果，比如主题的表象通过客观的物体来表现，主题的实质通过影子来表现，既有联想的乐趣，又能发人深省。

3. 共生图形

在设计图形元素时，一条轮廓线通常会界定一个物体。如果我们利用条轮廓线同时界定两个紧密连接的物体，这就是共生图形。共生图形可以让线条具有更强的表现力。

共生图形打破了一条轮廓线只能界定一个物体的常规，使得共用轮廓线的两个物体紧密相连，可以相互借鉴，常常用来象征事物间相互依存、不可分割，呈现出有趣的视觉效果。

共生图形中两个事物紧密相连，用简练的轮廓勾画出多种形象，无法用轮廓线分割，富于乐趣。

4. 双关图形

双关图形是一图多用的形式，意思是可以从一个图形中解读出两种不同的物体，这种图形的应用增加了平面设计的趣味性，通过两种物体之间的相似之处，传递出高度简化的视觉信息。

最典型的示例就是鸭子和兔子图形，从不同的角度会看到不同的图形，有的人认为那是一只鸭子的形象，有的人认为那是一只兔子的形象。其实，我们之所以会产生这样的印象是因为这个图形是创作者利用鸭子和兔子的共同之处进行设计，鸭子长长的喙和兔子长长的耳朵形状相似，创作者就是利用这一点设计了双关图形，让图形更具表现力，让设计充满独特的魅力。

5. 聚集图形

聚集图形是指将同一元素或者相近的元素反复整合而形成的新的图形。聚集图形可以使图形本身的意义得到强化。

由单一或相近元素堆砌而成的新形象具有较强的表现力，和同一元素不断重复出现不同，聚集图形有自己的含义，增强了单一元素的魅力，呈现出 1+1>2 的效果。

6. 同构图形

在进行图形设计时，可以对多个元素进行组合，组合后的图形往往具备多个特点，超越现实中的物体。换言之，同构图形是一个由不同物体的形象特征组成的全新的形象。

7. 无理图形

现实生活中的物体都按一定的次序排列着，它们的排列是合乎一定顺序的，符合人们的认知。如果采取非自然的方式将物体重新排列组合，就能突破主观和客观的障碍，这就是无理图形。

无理图形通过大胆的想象对图形进行再创造，往往会创造出不符合常规的图像，从这一方面来说，无理图形又被称为"悖论图形"。

8. 混维图形

混维图形结合了图形维度的特点进行创造，将真实和幻象、二维和三维进行错综结合，打破人们固有的思维定式，创造出一个光怪陆离的奇异世界。

9. 渐变图形

渐变图形是利用事物的某一特征做出变化效果，对图形进行延续处理，让该图形中的物体逐渐转变为另一事物，这样的图形就是渐变图形，又被称为"延异图形"。

（二）图形的设计法则

1. 形象联想设计

形象联想，从事物的形象进行联想，也就是说事物之间有联系，它们或具有相似的形态，或具有相似的特征，即事物之间具有相似的地方才能引发形象联想，这种联想出自人的本能反应。

2. 意象联想设计

两个事物不具有相似的特征也可以进行联系，那就是通过意象进行联想。意象联想的必要条件是两个事物必须在某种本质上有相同的共性。

图形触发意象联想是文创产品设计中经常用到的创意法则，我们可以利用意象联想引发传播对象共情，使设计的作品更加深入人心。

二、文字设计

（一）文字设计的原则

1. 遵循统一原则

什么是统一原则？在文字设计中，统一原则是指对文字的形态加以规范和统一。具体包含以下几个方面。

文字方向要统一，即一篇文字统一按照单一的方向倾斜。统一的朝向会使画面富有动态，体现匀称美，给人一种自在的视觉感受。

文字斜度要统一，无论是偏向何处，所有文字的形体要形成统一的斜度，以增加画面的整体感。

笔画粗细统一，即文字笔画的粗细要均衡，符合一定的规则和比例，以体现文字的匀称美。

文字风格统一，即文字外形样式规范统一，这样可以在增加文字的整体美感。

2. 具有可识别性

文字无论怎样设计都是给人看的，所以文字设计必须遵循可识别性，也就是具有能被识别的特性。设计者可以通过改变文字的大小、字距等来确保文字的易读性，给人直观、清晰的视觉印象。尤其是标识、海报、包装等的文字设计，更要遵循这一原则。

3. 呈现美观性

在文字设计过程中要时刻考虑受众的视觉享受，要让受众在视觉上享受到美感。具体可以通过对齐与错位的方法来呈现文字的特性与美感。

4. 富有创意性

随着时代的发展和人们审美需求的提高，人们对文字设计的要求越来越高，平凡的文字设计既达不到设计的要求，也满足不了受众的审美要求。所以，文字设计要具有独特性，要富有创意。具体来说，要想获得独特的文字，可以通过置换、局部强调等手法。置换，也就是将某些图形用文字的形式置换，从而形成不可思议的视觉效果（图 3-1-1）；局部强调是指根据主题要求，运用一定的设计手法突出文字局部特性，从而给人一种新奇之感，同时达到设计目的（图 3-1-2）。

图 3-1-1　鼠年 2020 字体设计（置换）

图 3-1-2　标签字体设计（局部强调）

（二）文字设计的意义

文字设计主要涉及设计中文字的形态与排版问题，也就是对文字的视觉形象进行艺术处理，包括对文字的选择、字号的确定、字形的设计、文字的设计小札编排等。

文字设计最直接的作用和意义就是传达信息，通过对文字加以设计，增添文字的视觉效果，可以显著提高信息传达的效率。文字也因兼具信息载体与视觉图形的双重身份，为广大设计师所钟爱，成为设计中的核心元素之一。

文字设计无外乎两大内容，一是用字，二是造字。

文字设计的意义还包括创造无形价值、传播文化知识等。如图 3-1-3 所示，图中的文字，使人仿佛置身其中，受到其文化熏陶，从而提升美学品位。

图 3-1-3 啤酒海报文字设计

第二节　图文设计中的创意表达

一、包装中的图文创意

从远古时代开始，图形就成为人类表达信息的媒介。随着社会的进步和人们生活水平的提高，人们对包装的审美需求也在不断地发生着变化，独特而具有吸引力的包装设计在产品的宣传和销售过程中起着举足轻重的作用。图形设计是包装设计的主要内容，好的图形创意是包装设计的灵魂。图形创意在包装设计中的表现形式是多种多样的，作者的想法不同，图形表现出的视觉效果也不同。而且在包装设计当中，具象图形和抽象图形的表现手法也是不同的。

农夫山泉于 2011 年推出一款不含糖的茶饮，此款包装设计（图 3-2-1）获得了 2012 年 Pentawards 银奖。设计的出发点是：中国是世界上茶文化最丰富的国家之一，东方树叶就是围绕与茶相关的古代中国故事的形象表现，整个设计很有中国风，采用很具民间文化特色的剪纸艺术形式；瓶身也颠覆了市面上传统的茶饮料，采用上圆下方的造型，具有中国传统文化中"天圆地方"之意，整体复古而优雅。

图 3-2-1　农夫山泉东方树叶包装设计

西班牙瓦伦西亚纳兰贾（Naronja de Valencia）橙产品品牌，据说 1781 年就诞生了。最近他们做了视觉识别的升级（图 3-2-2）。这个有 200 多年历史的老品牌一下子就变得现代起来。橙子与枝叶形成了图腾的美感。橙色与黑色搭配出现代高贵摩登的感觉，展现了橙的品质。

图 3-2-2 橙产品包装设计

图 3-2-3 农夫山泉矿泉水的长白山四季插图系列包装设计

农夫山泉矿泉水的长白山四季插图系列包装设计作品由霍斯（Horse）品牌设计公司和艺术家布雷特莱德（Brett Ryder）共同合作完成。农夫山泉这套长白山插画系列包装，不仅要传达农夫山泉的自然品质，更希望唤醒年轻人注重保护自然、爱护自然的生活方式（图 3-2-3）。

二、字体中的图形创意

从古至今，文字在人们的生活中都是必不可少的事物。对于中国的平面设计师来说，汉字字体设计是我们无法回避的内容。汉语言体系是我们所置身的语言环境，大量的信息传递更是要依赖于汉语、汉字。而且汉字在平面设计中的运用越来越广泛，变化手段及视觉效果也越来越丰富（图 3-2-4 和图 3-2-5）。

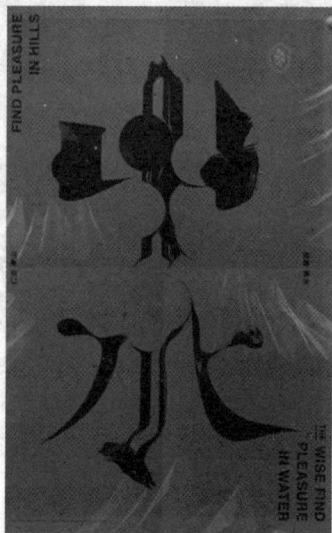

图 3-2-4　山水

图 3-2-5　公益海报

子阳："知者乐水，仁者乐山。"如图 3-2-4 所示，海报设计的概念取自"山水"二字，以变形的书法风格结合抽象的山水画意象，表现出智之于仁、静之于动，两者合二为一的气韵氛围。

上海电通保护传统文化主题公益海报（图 3-2-5）："拆，没了！留住传统文化，留住中国人的心灵故乡！"

如图 3-2-6 所示，"形意江南"是为大学生标志设计比赛做的标志设计。此标志设计从字体设计入手，是字体设计的综合运用，包括表意、字图结合、连笔等。"形意江南"标志字体设计的创意具有江南水乡"乌瓦白墙""小桥流水"的特色。在表现手法上，把四个字上半部分的横画都处理成屋檐的造型，点画处理成窗户的造型。为了形式上的统一，在不破坏字体本身阅读性的基础上，把"形"字和"江"字原本的竖画，也处理成点画与竖画的结合。为了使字看起来是一个整体，在"形意"与"江南"之间采用了连笔的处理，形成桥梁的图形，体现水乡的意境。在笔画上注意疏密关系，使字体看起来十分和谐。

图 3-2-6 形意江南

第三节 图文设计的表现风格与技法

在图形与文字设计的过程当中，设计师要把握好设计的风格取向，并选用适合设计主题的表现技法，从而完成文创产品设计任务。

一、图形的表现风格与技法

（一）图形的表现风格

图形的表现风格通常被分为如下四种：写实风格、几何风格、中和风格、动漫风格。

1.写实风格的图形主要是依据透视和绘画理论，将客观现实物象呈现在二维平面上，这种风格更加强调图形设计的逼真效果。

2.几何风格图形是设计师在设计产品时运用一些几何形状的图形元素，从而让受众产生一种几何形式美感，感受作品"少就是多"的设计效果。

3.中和风格图形风格是介于写实和几何抽象表现之间的一种调和图形，既有写实风格图形的真实感、立体感，又有几何风格图形的简洁与现代，中庸而略带张扬，不失个性。

4.动漫风格图形最明显的特点就是采用了拟人的表现手法以及运用了充满童趣的色彩语言，是当前比较受多个年龄段人群喜爱的一种图形表现风格。动漫风格图形受现代插画、漫画以及卡通电影的影响很大。

（二）图形的表现技法

1. 象征技法

有些图形经过长期演变已具有某种特定的意义，用具有象征意义的图形可以传达出某些具有哲理性的思想，给人深刻的启示。

2. 夸张技法

夸张就是将实物的某些特点进行放大，以强调突出事物的某一特点，加强视觉效果，引人注目。

3. 反常技法

反常就是利用一些独特的手段或方式，将事物形象变得违背常识，超出常规，甚至离奇古怪。

4. 幽默技法

幽默技法是指通过一定手段把表现的事物形象变得滑稽有趣，引人发笑。运用幽默技法可以让图形变得更有记忆点。

二、文字的表现风格与技法

（一）字体组合

字体组合是最常见的字体创意方法，英汉文字的字体设计都常采用这种方法。

先就汉字字体来说，其字体组合排列的方式有很多，每一种都会取得不同且独具特色的设计效果。下面一一加以说明。

改变字形法：突出字体的特点，加深其寓意（图 3-3-1）。

图 3-3-1　改变字形

连笔法：字体的局部或整体由一笔构成，具有线条的流畅感和时代的时尚感（图 3-3-2）。

图 3-3-2　连笔法

断笔法：采用剪切、手撕、错位等方法，使文字出现缺口，同时保留文字的原本结构（图 3-3-3）。

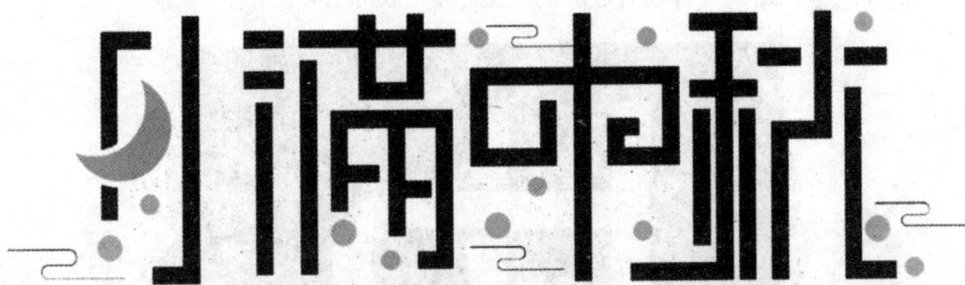

图 3-3-3　断笔法

就英文字体而言，下面介绍几种有特色的字体组合方式。

选用对比强烈的一对字体，突出视觉效果（图 3-3-4）。

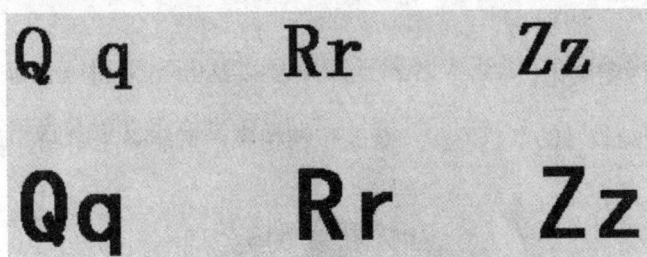

图 3-3-4　字体的对比

字体重叠与概念重复，会创造出有趣的组合（图 3-3-5）。

图 3-3-5　字体重叠与重复设计

字体共享，给人一种独有趣味的视觉感受（图 3-3-6）。

图 3-3-6　字体共享

（二）字体图像化

图文搭配是最好的创意方法，既能相辅相成，又能强化主题，营造氛围，突出寓意。

汉字字体的图像化设计常采用融合法和图形装饰法。

融合法：文字的笔画与相关图形或图片相连接，产生突破常规的视觉效果和新颖之感（图 3-3-7）。

图 3-3-7 融合设计法

图形装饰法：将汉字的基本笔画通过组合、变形、添加等装饰方法进行组合，以突出文字的美感和寓意（图 3-3-8）。

图 3-3-8 图形装饰法

英文字体的图像化创意多采用造型创意和图形化创意两种方式。

造型创意：对字体进行变形、拼接、分解、纹理等一系列处理，可形成增强视觉效果、引人注目的图像（图 3-3-9）。

图 3-3-9 英文字体造型创意

　　图形化创意：让字体造型具有图形效果，呈现三维空间环境，强化视觉效果（图 3-3-10）。

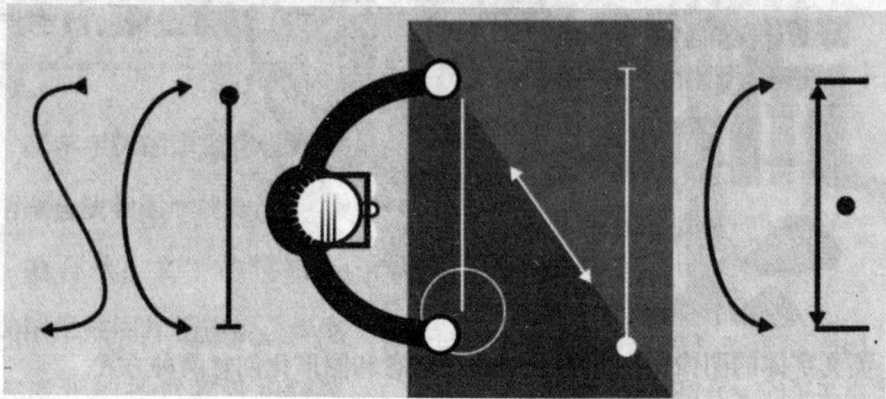

图 3-3-10　英文字体图形化创意（科学）

第四章 文化创意产品的基础知识

本章是对文化创意产品相关的基础知识的介绍，主要包括文创产品的概述，如定义、商业价值、基础、核心以及设计策略；文创产品的基本特征；文创产品的基本分类方式。通过对文创产品基础知识的了解来更好地进行文化创意产品的设计与开发，助力文创产业的蓬勃发展。

第一节 文创产品概述

一、文创产品的概念

（一）产品

产品到底是什么？对于这个问题设计师和消费者好像都很熟悉了，然而产品的概念和范围一直在变化并不断扩大。例如，随着时代变迁，我们书房里的家具陈设也发生了变化。产品改变时，同时改变的还有我们的生活场景与生活方式。

产品绝对不仅仅是有形的物品，还应是能够供给市场，被人们使用和消费，能满足人们某种需求的东西。产品既包括有形的物品，也包含无形的服务、组织、观念或它们的组合。简单来说，为了满足市场需要而创建的用于运营的功能及服务就是产品。所以，当人们的住宅场景与生活方式改变人们对书房功能需求发生了变化，于是就有新的产品被设计出来以适应这种需求。

（二）文创产品

文创产品（即文化创意产品），是指文化创意产业中产出的任何制品或制品的组合。从产品最终形态来看，文创产品包含两个相互依存的部分：文化创意内容与载体。

目前，我国的文创产品开发还处于初级阶段，文创产品设计的广度和深度仍有很大的提升空间，市场前景广阔。但是，进行文创产品开发前一定要注意其所包含的两个相互依存的部分以及它的开发特点。

在提出文创产品的概念以前，对应的是工艺产品和旅游纪念品的概念。前者的重点在于体现工艺的特点，后者的重点则在于体现地域的特点。实际上，很多时候旅游纪念品都演变为游客到此一游的证明，尽管各地域、各景区相隔千里，但是售卖的纪念品几乎一模一样。比如，许多人到了景德镇往往会买套瓷器，甚至有些人会为购买一套正宗的茶具专程来到景德镇。陶瓷产品既是一种工艺产品，同时也因为景德镇的千年瓷都地位，成为具有地域代表性的旅游纪念品。然而，大部分购买者不会去追究在景德镇购买的瓷器是否产自景德镇，这些瓷器也仅仅因地域本身而赋予其特定的意义，唯一的证明只剩下瓷器底部的"中国景德镇"五个大字（图4-1-1）。

图4-1-1 景德镇出产的瓷器

实际上，在景德镇当地购买的瓷器中有很多来自福建德化和广州的潮州、佛山等地。现在的景德镇就像是一个陶瓷产品集散地，最多的外来瓷器是德化瓷器。为什么会出现这样的状况呢？这是因为德化瓷器的成本远远低于景德镇瓷器，一只德化瓷杯的成本为1元左右，但是在景德镇，一个坯的价格都不止10元，原料成本和制作工序造成两地瓷器之间巨大的价格差。以制瓷原料为例，景德镇瓷器使用本地特有的高岭土，即制瓷最好的原材料。但随着世世代代的开采，高岭土的存量越来越少，原料价格就越来越高。从制作工序上讲，景德镇依然延续着传统的制瓷方式，72 道工序丝毫不差，与其他大批量生产的机器瓷相比，成本就增加了，价格也就上去了。

然而，当文创产品替代工艺产品和旅游纪念品出现之后，它所区别于这两者和一般产品的文化内容的创意设计就是它的附加价值。对比德化瓷器的"物质"，景德镇目前依然坚持的传统制瓷的古方古法和匠人之心就是它的文化内容，再融入令人耳目一新的创意，便能区别于德化瓷器和其他一般的瓷器。

二、文创产品的商业价值

了解所要设计的产品的概念，就可以明确文创产品的设计范畴，将文创产品的两个部分——文化内容的创意设计和载体进一步分为三个价值组成部分：一个是文化内容的价值，另一个是创意内容的价值，再一个是载体（即产品）的成本。前两者难以量化，后者则要从有形载体和无形载体两个类别进行分析，有形载体的价值比较容易量化，而无影载体的价值不容易量化。由此，文创产品的属性可以分为两个方面：一个是无法量化的文化创意的价值属性，另一个是经济价值属性。

文创产品的价值往往取决于文化创意的价值属性。苏州博物馆的文创产品衡山杯采用文徵明的衡山印章图案作为文化元素，将印章图案应用在杯底，整个杯子的造型好似一枚印章。杯子材质选用汝瓷，以契合文徵明的文人气度，同时也符合苏州雅致的地域文化特点。因为文化元素源自衡山先生——文徵明，其所代表的文化内容让这个杯子增加了文化价值，印章和杯子的结合又增加了创意价值，这使整个杯子的价值远远大于材质本身的经济价值。这也就不难理解，为何在网上相同材质和造型的杯子的售价远低于衡山杯，但销量不如衡山杯了。

同样一杯咖啡，星巴克的咖啡比便利店里的咖啡价格要高出不少，但依然有很多人愿意买单。衡山杯和咖啡的例子说明一个问题：如果说一般的商品因为品牌使其有了差价，那么文创产品和普通产品的差价就是由其无法量化的文化的价值属性形成的。

那是不是意味着只要在普通的产品中融入文化创意的内容，就能立刻增值呢？同样以咖啡为例，咖啡的好坏既可以通过咖啡豆的质量来评价？还可以通过咖啡的质量来判定其价值。对于文创产品也会有标准去评价它的好坏，进而决定其价值，标准就是文创产品是否能准确表达相应的文化内容，创意是否新颖。

同一个文化内容中包含许多文化元素，表达的方式和载体也多种多样。同样是以"秦始皇兵马俑"为主题的产品设计，如图 4-1-2 所示，产品中提取的是"秦始皇兵马俑"这一文化元素，并通过卡通人物形象表达这一文化内容，载体是手账本。文化元素和载体两者之间不存在相辅相成的关系，卡通人物形象的载体也可以是抱枕、杯子等。

图 4-1-2　秦始皇兵马俑主题手账本

图 4-1-3　秦始皇兵马俑考古挖掘玩具

　　然而，如图 4-1-3 所示，这是一个需要通过用户参与，进行挖掘才能完成的秦始皇兵马俑主题的文创产品。这种呈现是被精心设计出来的，是经过文化元素的创意组合的，"兵马俑"与"挖掘"这两个文化元素和载体相辅相成，与其他载体相比，这个由粉末包裹的兵马俑小摆件对于这件文创产品的文化内容表达具有不可替代性。所以，文创产品的设计基础一定是文化，只有将文化内容表达得出彩，才具有其他产品所不可替代的价值。

三、文创产品的基础——文化

文化是文创产品的基础。在利用各种不同文化元素进行文创产品设计之前，我们还需要清楚文化的概念。"观乎人文以化成天下"这句话出自《周易》，意思是在不同的时代凝聚价值观，融化人心，化育行为。"观乎人文以化成天下"强调的是文而化之，"文化"一词由此而来。国学大师梁漱溟给文化的定义是：所谓文化，不过是一个民族生活的种种方面。文化可以总结为三个方面：精神生活方面，如宗教、哲学、艺术等；社会生活方面，如社会组织、伦理习惯、政治制度、经济关系等；物质生活方面，如饮食起居等。

本书中这样去理解文化：文化是一种成为习惯的精神价值和生活方式，它的最终成果是集体人格。因此，文化的内容遍布在我们的日常生活中，而文创产品就是让消费者在日常用品的使用过程中感受文化，感受不同的文化内容、文化元素。

中国传统文化内涵丰富，这也是我国在发展过程中文化积累所产生的优秀成果。中国传统文化有"俗文化"与"雅文化"之分，如被称作翰墨飘香的"文房四宝"——笔墨纸砚便是雅文化中的精品。

图 4-1-4　古代书房和桌面器物

在古代文人眼中，包括笔墨纸砚在内的精美文房用具不仅是写诗作画的工具，更是他们指点江山、品藻人物、激扬文字、引领时代风尚的精神良伴。如图 4-1-4 所示，就是古代书房的布置。随着日常生活的审美普及，这种雅文化渐渐重新融入人们的生活中，体现在消费者对衣、食、住、行等日常需求的更高品质和内涵的追求上，最终，文创产品依靠蕴含其内的文化在众多产品中脱颖而出，不仅受到游客的追捧，也受到普通消费者的喜爱。这些以中国传统文化为设计基础的文创产品也成为沟通传统与现代、维系外观和内涵的载体。

文创产品要实现文化内容的准确表达和传达，使消费者通过文创产品接收到准确的文化内容，得到文化体验，这是设计文创产品的基本要求。

四、文创产品的核心——创意

同样是以故宫文化内容中的元素设计的产品，十多年前为何没能吸引消费者，如今却深受年轻人的喜爱，真正成为传达故宫文化的有效载体？为什么现在不单单是年轻人，几乎男女老少都这么喜欢故宫博物院的文创产品？

因为创意！故宫文创真正地把创意融进了文创产品之中，而不仅仅是复制。故宫博物院有约 180 万件（套）文物藏品，包含着大量的历史信息，都是工匠精神的体现，同时也是故宫文创的创意来源。故宫的文化元素触手可及，但是如果没有好的创意，或者说对文化进行的重构和再造没能以一个好的想法、好的形式呈现，设计便失了新意和吸引力。

（一）创意的定义

创意究竟是什么？创意是对传统的叛逆，是打破常规的哲学，是破旧立新，是思维碰撞后得出的创造性想法，是不同于寻常的解决方法。我们常会说，怎么都想不出一个创意。创意的方法是否有迹可循？虽然创意不能按部就班地按照特定流程得出，但是可以从产品本身的属性方面着手，比如手感、颜色、使用方式等。要常常拿在手上的东西很讲究手感，比如与饮食相关的器皿等。中国的传统色彩光听名字就可以感受其内在的风雅，古人的创意令人赞叹。下面我们选几种颜色来分析一下。

竹月，这个颜色带给人们的是清冷的感受。读到"竹月"这两个字，应该会立刻在脑海中出现一幅画面——月色照竹林。对于很多人来说，这就是一种色彩，但是当它运用在不同产品和情景上时，会给人带来新的感受，毕竟满月的光和残月的光、洒在屋顶的瓦上和洒在竹林之中的月光所营造的意境还是有区别的。

天青色，想看到天青色唯有先等待下雨，所以有句歌词是"天青色等烟雨"。中国传统色彩往往都是先创造了有着新色彩的物品，才有了对此色彩的命名和后续运用。天青色最早的出现原因是后周的周世宗柴荣想要一个"雨过天青云破处，这般颜色做将来"般的颜色。他要的不是一个已经存在的色彩，而是要大雨过后，在云彩裂开的缝隙里的那个色彩。这个要求是很苛刻的，但也证明了古人在造色方面的出彩创意。后来这种色彩还被运用在瓷器上，如宋代汝窑出了一种天青釉，其颜色清澈通透，似玉非玉。

图 4-1-5 中国色网站

如图 4-1-5 所示，中国色网站（网址为 http://zhongguose.com/）提供了各种中国传统颜色的名称，点击左侧的颜色名称，右侧就会显示颜色的 CMYK 值和 RGB 值，背景色也会切换成对应的颜色，这些色彩都可以成为创意的来源。

除此之外，层出不穷的新技术和传统文化经过碰撞后非常容易产生好的点子。再来看一下故宫文创产品，其中很多好的产品都是解决了人们的痛点，大部分产品也都是日常用品。作为文创产品终究还是需要更多地研究人们的生活，研究人们生活的习惯，研究人们在生活中需要什么样的产品，研究文创产品如何能被大众消费者接受。文化与功能的巧妙结合是最佳的创意方案之一，可以潜移默化地将传统文化融入人们的日常生活。

（二）创意的意义

创意作为实现文化价值和产品价值的主导力量，其最大的意义在于对文化的转它将物质文化与非物质文化中的文化，或者是其他分类方式中不为人了解的文化以有趣的、消费者能够欣然接受的方式进行传达，使传统文化得到传承。不可否认的是，好的创意可以让文化传递，让传承的效率最大化，而差强人意的创意对于传统文化的准确传达则值得商榷。

按照创意对于文化的转化和传达的水平可以将文创产品分为三个层次。第一个层次，创意含量几乎为零的贴图法。这种方法通常是将原有的文化元素直接以图案、图形的形式附加在产品上。第二个层次，符号能指的转化和延展，或将特色文化内涵外化。了解这一内容之前，我们先要了解能指和"所指"这对概念。符号是能指和所指的结合，所谓的能指就是表示者，所指就是被表示者。以巧克力的形象是能指，爱情是其所指，两者的结合就构成了表达爱情的巧克力符号。

在中国传统文化中，梅、兰、竹、菊等植物能代表一定的精神品质，古人所说的"宁可食无肉，不可居无竹"，也不是说竹子这种植物本身有多美，人们所喜爱的是竹的内涵，想要表达的是对竹子精神的喜爱，即自强不息、顶天立地的精神。所以当一些文创载体与特定文化符号巧妙地结合之后，其层次便比贴图法的文创产品的立意高出许多。在众多文创商店中我们经常能看见第一种层次的杯子，即在各种造型的杯身上绘制各种原汁原味的传统图案和图形。

第三个层次，用一句话概括为"只可意会、不可言传"。此类文创产品在于对意境的表达，将传统文化的意蕴、思想、观念等以无形的方式融入产品载体。在众多的文创产品中，有一类文创产品被称作"禅意文创"，与其关联的产品主要是抄经、茶道、香道、茶器、禅趣等。比如洛可可的高山流水香台，以烟代水，一石知山，烟气腾挪，方寸之间容纳天地气象。

文创产品是创意作用的对象，创意也是文创产品的核心，文化以某一创意方式或形式加载于产品之中，与其融合为一体，成为特定文化内容主题的文创产品。当然，也要考虑市场因素、消费心理、需求趋势等方面的问题。只有这样才能保证特定文创产品能够满足市场的需求，实现经济效益最大化。

五、文创产品的设计策略

（一）省域视角下的文创产品设计策略

1. 明确社会作用

"设计"作为服务业的重要组成部分，当然有其促进区域经济发展的目标，但更承担着"引领人民生活方式，提高民众生活品位"的任务。如果将衡量工农业发展的经济指标，生硬地套用于艺术设计领域，则显得过于简单粗暴；另一方面,"文化创意产业"所承担的社会价值,也无法使用单一的经济指标进行准确量化。"艺术设计"与其他产业之间的关系,犹如"油盐酱醋茶"与"粮食"之间的关系。"油盐酱醋茶"并不是食物,只是调味品,不能解决温饱问题。它关注的不是"吃好"的问题,而是"好吃"的问题。它的作用是在于改善餐食中的味觉体验,味觉体验的提升,也必然会带来农产品消费的增长。调味行业对农业产生巨大的撬动作用,这当然是不争的事实。同样,设计本身并不像工业领域那样,去直接生产销售可见的物质成果,亦无法准确量化其在促进工农业、服务业等相关产业发展过程中的准确价值。毋庸置疑,设计的确在向其他产业赋能。例如:"产品设计"向"使用"赋能;"环境设计"向"居住"赋能;"服装设计"向"穿着"赋能。现在没有哪个生产企业能忽略设计的价值。艺术设计提高了商品的议价能力,但我们不能去量化一个产品、一栋房子、一套服装之中,设计所包含的准确货币价值。因此,我们无法使用"产业增加值""经济增长率"等这样的经济指标,去衡量"设计领域"的发展水平。如果地方政府决策者仅从经济贡献率去评价哪些产业重要,哪些产业不重要,进而影响其政策的制定,资金的投入,经济增长的预期,则会严重干扰到该领域的发展。

文创产品设计与文化创意产业,本身是介于"经济基础"与"上层建筑"之间的行业,是"一半文化一半经济"的连接性行业,其重点是对"文化精神的重塑",而不是对"产业资本的增值"。"文化"无法以工业化管理思维与经济量化指标进行评价,我们无法量化"文化""艺术"对国民生产总值的经济贡献率,更无法确切评价"文化""艺术"对经济的实际推动作用。因此,要求"文化创意"去承担促进经济发展的完全责任,或者以量化的经济考评指标去衡量文创产业的发展水平,其方法既不合理,其导向更不正确。对人的教育投入无法准确量化为经济指标,对人的艺术教养不能量化为经济指标,对人的健康保障不能量化为经济指标,那么,"文化创意"本身能量化为经济指标吗?当然不能。

本质上,"文化创意"无法像工业、农业、金融业那样,进行明确的产业性划分。因此,它并不是独立的"经济产业",用"行业""专业"称呼更为合适。它的主要作用是向各种"产业"赋能,赋予其文化的、艺术的、精神的价值,进而提高这些产业或者行业的文化内涵,使其具有更高的议价能力。但是,文化本身不能被"经济化",被经济化了的"文化"就无法保证其正确方向与独立价值。因为,我们与其将"文化创意"产业化,倒不如将现有产业"文化"化,使文创产业与文创产品设计承担起"引领人民生活方式,提高民众生活品位,为其他产业赋能,增加其他产业文化(情感)附加值的作用。"

2. 加快建设省级文创品牌和平台

加快省级文创产品品牌和平台建设，主要是指以省文旅厅指导的旅游品牌，以省市县区既有历史文化资源与非物质文化遗产为基础的"文化资源平台"，以非遗传承人、设计师、生产加主企业密切联系的"人才资源平台"以及集中展示销售我省各地市文创产品的"品牌销售平台"。

首先，进一步强化省委宣传部、文旅厅的主管作用。在行业协会内部形成由政策引导、文化研究、设计开发、加工生产、推广销售为主体的人员构成机制。委托相关院校及科研院所，对县市区既有文化资源进行梳理汇编，进一步摸清家底，做好基础研究工作。将研究成果以文献、图片、视频、实物等方式固定下来，形成省文创产品设计开发的"文化资源平台"，有效避免文创产品设计开发团队针对特定文化区域，特定文化主题，以及特定文化现象的重复调研，加快优秀文化资源的高效利用与创造性转化。

其次，依托行业协会的力量，尽快建立以非遗传承人（传统手工艺）、文创品牌企业（独立设计师）、生产加工企业（设计需求企业）、投融资主体、知识产权保护、销售渠道为主要参与者的文创产品设计开发"人才资源平台"。使非遗传承人、现代设计师、投资方、加工企业、销售渠道等多方相互联结、相互依托。非遗传承人可以第一时间找到负责设计转化的现代设计师；现代设计师可以第一时间发现设计落地的非遗传承人与加工企业；投资方第一时间找到好的"文创产品设计开发项目"；销售渠道可以第一时间发现好产品、好货源。打通设计开发、专利保护、融资众筹、加工生产、推广销售之间的行业边界。

再次，尽快建立全省统一的文创产品品牌，及其产品销售门户网站。区分省、市、县三级文创产品展示目录；以"文化主题"与"地域分布"作为展示线索；以省级文创品牌，统一制定产品质量标准；形成集专利查询、产品展示、线上销售、线下体验等相互衔接的文创产品销售展示平台；避免不同设计者因信息区隔，而进行的重复设计开发；将平台打造成为各级政府、各企事业单位、各旅游消费者选购文创产品的门户网站；尽快促进形成我省头部文创设计品牌，发挥头部集聚效应。

最后，建立文创产品设计成果多元化的评价与发布机制。将加工企业、销售渠道、消费主体等引入评价体系；避免设计大赛评奖环节以"同行评议"为主的评价形式；将文创产品设计的主要评价标准由"前端设计评价"向"后端消费评价"过渡；通过产品平台的设置，将"消费者评价"前置；以产品众筹、预约销售等方式，在产品设计开发阶段就对设计成果进行有效甄别。从而达成"好设计"

就是消费者欢迎，且能够取得可观经济效益的设计评价目标。

综上所述，文创产品设计开发必须走以社会公众需求为导向，以文化旅游主管部门深度切入为主导，以我省典型文化资源为基础，以文创设计人才培养为依托，文化创意产品设计研发为支撑，以文创产品质量可靠为前提，以现代设计思维及加工手段为引领，以品牌化营销与知识产权环境改善为保障，以弘扬各地优秀传统文化及生活方式为目的协调发展道路。

（二）市域视角下的文创产品设计策略

1. 开发城市代表性文创产品

如果说省一级文旅主管部门的主要职责是制定发展规划，扶持管理重点项目。那么，市一级的文旅部门，其主要责任则是对接省县，运行管理地文旅资源，培育新的文旅增长点。市一级的文旅资源有其各自特点，各个地市也需要在整合各自身文旅资源的基础上，形成自己独特的文化面貌。概括起来，市一级针对文创产品设计开发的主要任务包括：确定城市文化特征，开发代表性文创产品；合理规划旅游线路，培养新的文旅增长点；吸收引进文旅人才，推动文旅企业发展等三个方面的工作。

本质上，省一级的文旅资源在市，市一级的文旅资源在区县。因而，省一级的文化特征是对地市文化资源的概况提炼，市一级的文化特征是对下辖县（区）文化资源的概况提炼。省一级文化特征的形成，应放眼世界，对标全国其他省（市区）的既有文化特征，进而形成自身独特的文化特征，文创产品设计风格及其叙述语境；同样，市级文化特征的形成，应放眼全国，对标全省地市既有文化特征，进而形成自身独特的文化特征、文创产品设计风格及其叙述语境。

例如，就目前而言，山东地市的文创产品设计开发，应先从明确城市文化特征入手。如：省会济南所应具备的城市文化特征究竟是什么？如果将其定位为"泉荷柳韵，文脉悠悠"，那么，这个"泉"又应该如何巧妙地体现在文创产品设计开发之中，而并非仅是视觉符号的转述；另一方面，这个"泉"除了具备自然景观特征外，又如何顺理成章，自然而然地引出济南其他的历史文化风貌，形成"泉韵与文脉"的紧密结合，相得益彰的效果。再如，我们说泰安的文化主题为"巍巍东岳，国泰民安"，"泰山"作为泰安文创产品设计开发的主体形象，又应如何与"国泰民安"这一抽象意象相结合；如何将泰山玉、泰山石、肥城桃木等材质，融入于文创产品设计开发之中；使泰安的典型文创产品，达到既能讲述泰山故事，又能体现当地工艺，还能利用当地特产的目的。当然，泰安的文化特征还应与省一级的泰山文化讲述语境相互区别，分层对待。

又如，相较于济南、泰安、烟台等地，聊城的文化资源较为分散，文化特征也更不明显，面对这一情况，如果仅强调其"运河文化"，则会与济宁、枣庄相重复；如果仅强调其光岳楼、山陕会馆、海源阁等古建筑，则文化点显得过于单薄。因此，基于文化主题为"运河之上的江北繁华都会"勾画了一派山东宋城"清明上河图"的繁华景象。这个特征的营造，虽与开封的城市特征有所重叠，但在山东省内却仍然是独一无二，首屈一指的。因此，聊城的城市特征应是"江北水城，市井繁华"。而反观枣庄，枣庄虽然也因运河而生，但枣庄却有"墨子与鲁班"这两位家喻户晓的历史名人，又有台儿庄这一历史文化名城。因此，枣庄所营造的城市特征则应当是基于明清文化背景的运河古城，以及基于"墨子鲁班"造物智慧之上的巧思精制的文创产品，它所体现的不应是"河与城的市井繁华"，而应是"河与人的精妙组合"。

2. 培育新的旅游增长点

市一级的主管部门要在省级文化创意产业发展规划的基础上，建立市一级的发展规划与实施方案，区分哪些历史文化自然资源可以通过旅游线路的合理规划、重点培育，进而成长为省一级的重点历史文化资源。而哪些文旅资源尚不具备上升为省级文旅资源的禀赋，仅需要适度开发。

以济南为例，济南以泉城著称，境内有"七十二名泉"，趵突泉景区现已是国家 5A 级景区。但除趵突泉外，济南市章丘区的百脉泉，是趵突泉的"姊妹泉"，其二者距离车程不足一小时，且百脉泉系规模并不逊于趵突泉，仅因泉系地理位置不在济南城市中心而缺乏客源。长期以来，章丘百脉泉景区无法从趵突泉景区成功引流客源，因而，进一步影响了该景区的建设开发，百脉泉景区的影响力实际仅为章丘区周边，而缺乏与趵突泉景区的连接关系。又如，济南灵岩寺，地处泰山北麓，寺院历史悠久，罗汉造型传神，现为国家 4A 级景区，明代文学家王世贞有"灵岩是泰山背最幽绝处，游泰山不至灵岩不成游也"之说。灵岩寺虽隶属于济南市长清区，但其距离泰山核心景区的距离更近，不足 30 分钟车程，而距济南核心旅游区的车程却超过 1 小时。因此，该景区的管辖权在济南，而景区的自然历史逻辑关系却在泰安。就目前而言，无论是济南的游客，还是泰安的游客，均很少被引流至灵岩寺，灵岩寺的文化旅游价值被严重低估。

再如，武圣孙子是齐文化的典型代表人物，位于滨州惠民县的孙子故里、孙子兵法城占地面积达 7200 亩，建筑面积 1100 亩，是齐文化的重要历史文化组成部分，其景区距齐文化核心区不足 1 个小时的车程。但长期以来，因滨州"兵圣孙子"文化点过于单薄，不足以产生大批游客；另一方面，被齐文化所吸引的游客又未被引流至惠民县。因而，孙子兵法城游客日渐稀少，严重影响该景区的修缮维护，以及滨州市文创产品设计开发与销售可能。

因此，打破地市之间的行政藩篱，以文化主题为中心，合理规划旅游路线，是培养新的文旅增长点的关键一招。

（三）县域视角下的文创产品设计策略

其一，突出地域文化特征，形成文化诉说典型形象。毋庸置疑，县域文创产品设计开发应关注其作为旅游商品的经济属性，但绝不能仅关注其经济属性。在重视文创产品对经济贡献的同时，亦不能忽略其对文化软实力的赋能价值。因此，各级政府、企事业单位、个人对外交往与公务会议中存在大量文化纪念品实际需求，成为文创产品设计开发的重要动力。文化特征突出，诉说内涵丰富的文化馈赠品，可以成为馈赠方介绍本地特征，讲好本地故事的重要媒介，以物传情，以物达意，达到强化受赠方对该地区文化认同的目的。因此，县域文创产品设计的主要任务是：把握正确主题，向功能产品综合赋意，突出其地域性、独特性及文化性。文创产品文化素材的选择，既可立足于该区域典型自然风貌、历史文化遗迹；又可表现其具有代表性的非物质文化资源、区域代表性产业与荣誉等。在区域文创产品设计中，其产品功能是媒介，文化主题是灵魂，多角度的综合文化符号赋意是重要手段。文创产品设计应具备品牌调性鲜明、使用功能合理、文化属性突出、设计综合赋意、包装层层递进的特点。

其二，立足当地产业特色，促进"文创+产业"融合的发展格局。县域文创产品设计开发重要目的是推动当地产业升级、促进就业、推进当地经济有序健康发展。不能将文创产品设计方向仅仅局限于对文化礼品、旅游纪念品的狭窄范围，更应将其视为促进当地产业升级，特别是"三产"融合发展的重要手段。形成文创设计向农副产品、手工艺产品、轻工业产品、日用消费品、区域旅游产品赋能的态势，推动普通消费品的"文创化"转化，促进"文创+产业"的发展格局。具体可以从两个维度开展工作：一是从文化产品设计开发角度看，首先应考察当地既有产业，人力资源、工艺水平和生产加工能力特点。先向当地具有比较优势的手工艺产品、农副产品、日用消费品生产企业赋能，帮助他们开发既具备使用功能，又具备当地文化属性的文旅快消品，同步实现群众增收、企业发展和产业升级。二是从县域经济治理角度看，不能将文创产品设计开发当成文化旅游部门的主要工作，而应打破部门界限，将其作为全县通盘统筹考虑的工作方向，对当地历史文化资源如何与优势产业结合，要预先谋划、通盘考虑、整体设计、专家论证、分步实施。要因势利导、因地制宜、多种渠道、显隐并重地拓展经济发展渠道。

其三，找准文旅特色立足游客实际需求设计开发。县域文创产品设计开发，首先要立足当地资源，向上融入省市文旅发展的整体布局，抓住机遇找准特色；向下深度辐射乡村相关旅游资源，深化省市文化旅游规划的整体布局，创造性地丰富上级规划的具体内容与落实方式。具体而言，文化旅游产业的价值在于为游客提供根植于不同自然历史文化资源的差异化旅游产品；在于提供独特丰富、原汁原味的情感体验。而文创产品设计开发的重点在于将游客所获得的文化记忆与情感体验予以固定化、标志化。因此，对于旅游纪念品类型的文创产品开发，应依据区域旅游的不同类型（如风光游、文化游、农家游、民俗游、研学游等），以旅游路径线索，为游客设计符合其旅游预期的文创产品。

（四）乡村视角下的文创产品设计策略

村落是传统农耕文化的发生器，也是非物质文化遗产存放传承的重要场所。然而，目前部分农村人口老龄化、村庄"空心化"严重，留住人、留住年轻人的机制尚未建立起来，村庄普遍缺人气、缺活力、缺生机。客观分析，农村留守人员无法有效组织整合域内非物质文化资源，撬动乡村振兴战略，促进新农村建设。在此种情况下，文创产品设计开发机构，需要深刻领会消化国家乡村振兴战略的总体布局，贯彻省、市、县对新农村建设的实施方略，审时度势，因地制宜，差异发展。具体作用可概括为以下几个方面。

首先，文化创意产业与文创产品设计是推动"乡村记忆工程"向纵深发展的重要基础。目前，非物质文化遗产保护与活化，具有描绘"乡村集体记忆"，再现传统生活方式的重要作用。然而，某些县级决策机构对非物质文化遗产的保护态度，大多仍以"拿上来""围起来""冷展示""商业化"为主。具体分析，县级决策机构往往将非物质文化遗产项目从农村收集整理上来，放在博物馆、文化馆中围起来，静态冰冷集中展示，或直接将其"手艺化"，而并非"文化化"的商业开发。缺乏以文创设计为手段，去撬动乡村既有的生活方式与非物质文化技艺之间的生态关系，势必割裂文化遗产与生成地之间的血脉联系，无益于促进文化遗产生成地的文化建设与经济发展。

其次，文化创意产业与文创产品设计是保护乡村生态环境，发展乡村绿色产业的重要手段。乡村振兴战略重大命题的关键在于实现农业强、农民富、农村美。

农业强与农民富是一个事物的两个方面，它们共同指向"农村美"这样一个终极目标。"农村美"一方面指农村环境生态宜居优美，另一方面也是指农民精神文化丰富高尚。精神文化匮乏的农民，建设不了美丽乡村，也不可能长久地维持乡村的繁荣富裕。农民的增收离不开加快改造传统农业，促进农村社会化服务化，发展现代特色农业，推动文创产业向传统农业赋能。乡村振兴更离不开传承活化乡村非物质文化资源，变非物质文化遗产为非物质文化生态，将乡村作为综合立体展示非物质文化生态的平台，在乡村观光旅游中加入文化创意因素，促进非物质文化遗产保护传承与旅游相结合，发挥旅游对文化消费的促进作用，是形成促进美丽乡村建设、增加农民收入的重要手段。

最后，推导文化创意产业与文创产品设计是培育文明乡风，推动美丽乡村特色发展的重要文化基石。非物质文化遗产传承是以优秀传统文化深入挖掘为基础的，是摒弃农村不良风气和陈规陋习的手段；同时，文创产品设计开发也是区别不同乡村的特色，走差异化发展道路，打造特色村的重要文化基石。打造特色村，就要优先发展那些具备特色资源、产业基础好，尤其是文化底蕴深厚、历史悠久、风貌独特的村庄。特色资源类村庄，不仅包括历史文化古村、传统村落、自然风光独特村及民族村寨等，更包括那些非物质文化资源丰富，民风民俗质朴自然的乡村。

第二节　文创产品的基本特征

一、独特性与超越性

世界创意产业之父、英国经济学家约翰·霍金斯对"创意"的阐述是："创意可以被简单定义为'有新点子'。有四个标准来衡量一个新创意：它必须是个人的、独创的、有意义的和有用的。"文化创意产品由于其本质的追求是"破旧立新"，其属于创造性的产出，独特性和超越性是文化创意产品追求的重要品质。

二、教育性与公益性

文化创意产品具有双重属性，即商品属性和精神属性，同时也就决定了文化创意产品在创作和生产过程中必须追求经济效益与社会效益的统一。面对市场，不得不追求经济效益，但作为文化产品又需要发挥文化对社会的服务作用，必须提供积极的精神导向，创造良好的社会效益。设计师要善于通过提炼文化元素并以符合年轻人审美的表现形式重组文化藏品，以新颖、独特的呈现来开启年轻人对于历史与文物的兴趣。文化创意产品既是消费品也是文化教育的载体，拓宽了对大众教育的方式方法。

三、民族性

一个民族生活方式和风格的特质，能够在他们所生产的各种文化商品总体中体现出来。每个民族都有他们自己特殊的历史，因此每一种生活方式都是独特的。各国的文化创意者都在试图提炼和创造代表本国的创意文化，以吸引其他国家人群的认同，达到价值观渗透和经济获利的目的。在此背景下，文化创意产品被赋予了强烈的民族性来呼唤新一代人群对本国文化的认同感和归属感。

四、系列性与延续性

不同于一般文化产品通常以个体形式出现，文化创意产品则大多以某主题为表现内涵并以群体或系列的形式出现在大众视野。这种呈现方式主要是因为当代文化创意产品的设计大多依附于某一地域性特色主题（如北京故宫等）或某一娱乐时尚 IP（如迪士尼等）进行开发设计。由于被开发的文化主体本身体量庞大，文化因子繁多，无法对其中的某一内容进行单独呈现。另外，因为文化创意产品的核心是创意，而创意具有时效性，消费者的兴趣很难得以长时间保存。为了能够使文化创意产品得以利益最大化，这也就要求文化创意产品需要通过不断在同一主题上创造新产品留住消费者的关注度和增强消费者的记忆点。因此进行文化创意产品开发必须要有对未来的考虑，缺乏前瞻性和延续性的文化创意产品开发是没有生命力的。

第三节　文创产品的基本分类方式

一、文创理念指导下的文创产品设计

对于当前的文化产业现状来说，虽然文创产品的创意者、设计者主要是年轻一代，目标受众也是年轻一代，但是从设计蓝图到成品落地这一系列过程中，掌握资本、资源、经验、渠道关键环节的，还是老一代管理者。如果老一代不愿放弃自己的权威地位，以丰富的经验和资源作为筹码，让文创产业的运营按照自己以往的趣味进行，那么就很可能无法与市场对接，遭遇老将的"滑铁卢"。如果年轻人依仗自己的敏锐嗅觉和灵动创意，不愿与老一代沟通，甚至建立起文化壁垒来嘲笑和隔绝互联网的"移民"们，那么最终也会在具体实践中因缺乏经验与资源而遭遇挫折。

以文创理念观察当代文化发展，可以发现，文创发展的实质是把大众的无形需求有形化、个性需求共性化，为此，就要敏锐地把握当代文化的特征，以多视角来推动发展。当代中国文化，经过改革开放，表现出很强的现代性与后现代性并存的特点。法国批评家波德莱尔把现代性描绘为现代城市生活的碎片化体验，人们追求"当下的新"与"稍纵即逝的时刻"。后现代哲学家利奥塔则把后现代简单定义为"对元叙事的不信任"。在这样的社会形态下，推动当代文化发展，可以从创意视角、科技视角、生活视角来观察，如此，当代中国文化发展会更加活跃与多样，更加贴近时代与青年，更重要的是，在全球范围内更加具有吸引力。

（一）创意视角

青年摄影师孙郡是又一位创意摄影人，将中国传统工笔画与摄影相结合，创造出了独特的"新文人画摄影"风格。孙郡七岁开始学国画，痴迷古典文学的邻居姐姐晨昏吟诵古典诗词，让孙郡也因此耳濡目染。开始从事摄影后，如何将摄影这门瞬间的艺术，延伸出更长的赏味期限和更丰富的画面内涵，成为萦绕孙郡心头的问题，最终孙郡找到了开启大门的钥匙——中国文人画。

中国古代士大夫所作的文人画，通常取材于山水、花鸟、人物，讲求笔墨情趣，脱略形似，强调神韵，色彩则偏好淡雅，"墨分五色"，追求"匠心独运，可回味无穷"。孙郡将国画与摄影这两种视觉艺术相互结合，在摄影之后，将影像转换为黑白色，相当于一幅白描底稿，然后对其进行手工上色，像工笔画一样一层层地去渲染。平均每幅作品上色完成需要近 20 天的时间。将摄影作品融入绘画的表现手法，注重画面和故事的结合，同时也传承了古代文人画隽永、静谧、舒展的精神，形成了"新文人画摄影"的独特风格。这一风格走向大众，是明星夫妇邓超孙俪的一组结婚纪念照。在孙郡的镜头之下，这些光鲜亮丽的明星返璞归真，古典得如同绢上的美人，素雅宁静，有着浓郁的中国风，令人一眼难忘。这一风格不但成为孙郡的标志性风格，也成了当代中国摄影艺术的独创风格。

孙郡一方面继续着摄影艺术创作，将陆羽的《茶经》用一幅幅作品表现出来，让尘封的古籍重新与当代人见面，另一方面也展开了摄影的商业创作，为中国明星拍摄中国风大片。以往，外国摄影师掌镜的作品中，中国人的东方美总是不容易被表现，但是孙郡的镜头下，极淡的底色来衬托出人物的高贵与典雅，画面中戏曲式的肢体语言，把女性的袅娜表现得淋漓尽致，中式服装、道具与布景，则将男性的从容书卷气质展现出来，人物娴静清丽而又温润大方，独特的东方气息扑面而来。即便是不知道模特和摄影师的身份，也能感受到这是来自中国创作者的作品。"无论是用相机按出来的，还是画出来的，都应该有创作者注入其中的人文精神，要有从本能出发的情怀。中国人，还是要做中国人自己情绪里的东西，然后，尽可能，做到完美。"

所谓"中国文化""中国风格"都是非物质、难把握的抽象事物，要想将它们传播、传承，就需要借助创新和创意，就需要通过文创理念指导下的文创产业实践，将它们有机地物质化。这种转化的过程，也加入了当代文化对传统文化的认知，本身就是古今文化互动的新作。

（二）科技视角

文创产业的发展，不能只依靠文化资源的挖掘，更要重视科技手段的进步。只有将科技和文化相融合，才能将文化资源的转化效率进一步提升，才能够为文创产业的一次又一次跨越式进步提供坚实的基础。

例如，国家博物馆以更开放的心态，把国博馆藏资源深入地挖掘出来，利用新模式、新技术及社会优质资源和力量把这些元素、内容通过设计开发工作转化成产品进入公众的生活和家庭当中，满足人民日益增长的物质和精神文化需要，使生活更美好，实现让文物"活起来"。

在长期规划中，国博在"互联网+"的基础上还将持续关注"AI+"，关注"智慧商店"的建设，关注新技术的发展与博物馆文创产业的结合，尤其关注"区块链"技术的发展对未来文创生态发展的助力和落地应用，努力在现有政策条件基础上探索博物馆文创产业发展的特色之路。同时，在国博的发展规划中，还将致力于完善"文创中国"平台的系统搭建，加大 IP 授权合作模式的力度，为全国的博物馆提供平台支持，发挥国家博物馆头雁的作用。

（三）生活视角

文创领域的生活视角分为两个层面，从微观的层面来说，文创产品可以成为生活的道具，是美好、精致与创意的具象化。传统意义上的设计作品，常常只具有单一的功能，要么是只体现艺术美感，要么是只体现文化导向，很少考虑生活化、实用性，默认人们购买文化产品、设计产品，都是用来远观的，这都为人们亲近文化带来了阻碍。而"文创理念"的诞生，促使人们思索如何让文化以创新的方式吸引人们的注意、以创意的角度融入人们的生活。从文创产品开发比较活跃的博物馆行业来看，与日常生活用品结合、让文物"活"起来成为共同特征。

以故宫博物院近年来的文创产品为例，2014年故宫推出的"奉旨旅行""如朕亲临"卡套，面市之际就引发热议，参展第四届中国苏州创博会，首日即被抢购一空。这套硅胶多用卡套，既可以当作行李牌，也可以当作公交卡套，背面的图案按照古代圣旨绢卷图样进行仿古设计，并配有繁体隶书"奉旨旅行"或"如朕亲临"，和卡套在旅行、交通的使用场景相映成趣。如果单纯从产品质量来看，故宫的这个试水之作的工业水准其实还有待提高，图案略显粗糙，配色也并不完全合乎审美标准。但就是这样一个将文化融入生活的趣味点，得到了公众的高度认同，也让人们看到了文创市场的潜力。试水之作的成功，让故宫继续在文创领域发力，也更加懂得在实践中尊重游客、尊重市场，倾听热心粉丝的声音，改进自己的文创工作。2016年，故宫推出了原创纸胶带，便有不少粉丝利用充满中国风和宫廷感的胶带来装饰口红彩妆，打造"私人御用订制款"。在这一风潮下，故宫淘宝推送了"脑洞文章"——《假如故宫进军彩妆界》，文中畅想"点翠眼影、花朵腮红、千里江山指甲油……"，不但阅读量再次轻松突破10万，更有超3万网友点赞支持故宫的创意，5万多人转发求购宫墙红口红。

经过灵感汲取、市场观察，2018年，故宫彩妆终于经由故宫淘宝和故宫文创两条渠道先后面世，彩妆系列涵盖口红、眼影、腮红、高光等多款彩妆产品，这一系列彩妆产品的颜色调配、设计灵感，全部取自故宫博物院的珍藏文物。其中最为瞩目的故宫淘宝口红系列，六种颜色既包括了在"脑洞文章"中呼声甚高的"斩王色"——"宫墙红""郎窑红""胭脂红"，还增加了取自雍正朝瓷器颜色的"祭红"、源出钧窑玫瑰紫釉的"紫靛"、来自康熙豇豆红釉的"美人霁"三种色号。这些生活化的文创产品再次获得了市场的热情反馈。

故宫也一度推出护肤系列的面膜，但销量并不尽如人意，后来经过市场调研发现，面膜的使用具有较强的私密性，人们常常是在家中洗漱之后独自使用，"故宫"的品牌无法体现。而口红、粉饼这类美妆产品，则是可以随身携带、即时使用的，在公共场合里，补妆原本是一件略显尴尬的事情，但是如果拿出包装精美、品牌知名、颜色美丽的化妆品，则会在朋友之间创造一个新的话题，让气氛从尴尬变得活跃。而故宫的独特文化品牌，则兼具了"高大上"的档次感和趣味性的话题度。将文化的概念、故宫的品牌融入一只价格亲民、日常可用的口红之中，不但是在潜移默化之中传播了文化知识、也为人们追求美好生活提供了一抹亮色。

国家博物馆、敦煌研究院等的馆藏文物主题设计也与笔记本、手机壳、马克杯等紧密结合，获得了很好的市场反应，不少产品成为畅销、热销产品，让文创产品通过文化和创意的结合，切切实实地进入民众日常生活、提高人们的生活品质，成为这些博物馆在文创转型之路上成功的关键。

作为江南水乡文化品牌建设的典范，融"戏剧小镇"与"互联网小镇"于一体的乌镇，也为人们提供了文化创意景观化的体验。乌镇戏剧节最具实验特色的部分，还是戏剧嘉年华。行走在古镇之中，店铺前、水井旁、桥头岸边、凉亭晒场，处处都正在进行街头戏剧。街边有相声表演，码头有花鼓戏，门洞里有人偶剧，而且演员随时开始，随时结束，随时与受众互动、让人参与其中。这里是人生如戏，更是人生如网，乌镇将自身打造成为一个巨大的舞台，为到来的人们提供着不眠不休的巨型浸入式表演。在互联网蓬勃发展，人们的大量基本生活都从线下转到线上，从实体转向虚拟，整个时代行走在异化边缘的时刻，艺术重新强调进入生活，并从现实的人与人的交流之中，探索虚构的艺术演绎，无论是"真实"还是"虚拟"都被置于陌生距离之中，促使人们对自身所处的空间进行新的思考。既是基于生活的，又是超越生活的。

二、基于产品的设计对象的文创产品

（一）旅游纪念品

旅游纪念品目前并没有清晰的概念，海内外有学者将其分为广义与狭义。广义上，文化旅游产品是指对能够满足人们的文化感受和精神消费的娱乐休闲、自然风光、风景名胜等旅游资源而打造的一系列旅游活动产品；狭义的文化旅游产品，即本书所讨论的产品，是指游客在旅游过程中购买的精巧便携、富有地域特色和民族特色的礼品。有人比喻旅游纪念品是一个城市的名片，这张名片典雅华丽，有极高的收藏与鉴赏价值。常见的旅游纪念品主要是指针对博物馆和观光景点所设计的文创产品。

国家统计局有关数据显示，近年来我国国内旅游市场的游客人数一直保持着稳定的增长趋势，年均增长率在 10% 以上。大众旅游时代，旅游休闲已成为百姓的生活常态，更多旅游用户随着自身的经济水平不断提高，未来必将在旅游支出投入更多。

在旅游发达国家或地区，旅游纪念品的收入占旅游业总收入的 30% 以上，而在我国这一收入比例远低于世界平均水平。作为中国博物馆文创产品开发的"标杆"机构，北京故宫博物院的文创产品未来将从"数量增长"走向"质量提升"。可以说，博物馆正悄悄走进并开始影响着我们的生活。

（二）娱乐艺术衍生品

艺术衍生品，是基于艺术品的艺术价值、审美价值、经济价值、精神价值而派生出的一系列商品，它来源于艺术品本身，却改变了艺术品自主性、个体性、不可复制性等属性，成为具有审美价值的可批量生产的一般性商品。而本书所说的娱乐艺术衍生品，主要是基于影视娱乐、艺术家作品、动漫 IP（即版权）等衍生出来的文创产品。

2015 年，动画电影《西游记之大圣归来》推出的衍生品首日销售收入突破了 1180 万元人民币，创造了国内影视衍生品的日销售额新纪录，2015 年也因此被看成是中国影视衍生品产业化的元年。2016 年，影视产业衍生品市场迎来了井喷式增长，互联网影业的进入正在开创着衍生品市场的新局面。由光线传媒出品的《大鱼海棠》，仅衍生品就创下两周众筹 300 万元、总销量超 5000 万元的亮眼成绩。由此开始，衍生品的销售渠道不断被拓宽、销售种类也获得了前所未有的增长。

在腾讯 UP 2018 大会上，腾讯提出了"新文创"的概念，"新文创"是"泛娱乐"的升级，更强调 IP 的文化价值，以及文化价值与产业价值的良性互动。在这样的生态里，影视是文化表达最有利的途径，基于传统文化或者说中国文化符号的 IP 演绎显得尤其重要，同时这也给影视娱乐衍生产品设计带来了新的发展机遇。

（三）生活美学产品

生活美学指的是"美即生活"，强调的是对于美学回归现实的转向，通过日常经验和审美过程结合，从感性出发来理解和分析其美的感受。它是对于"日常生活审美化"与"审美日常生活化"最佳的理论诠释，也是现代美学的最终走向，即走向生活。生活美学产品主要是通过对生活的观察，把自己对生活方式的理解渗透到日常产品的细节，创造出美的甚至是引领生活方式的产品。正如乔布斯所说，"消费者并不知道自己需要什么，直到我们拿出自己的产品，他们就发现，这是我要的东西"。

"80 后""90 后"等新生代群体，在互联网和全球化的影响下，形成其中一部分，反消费主义的群体，开始追逐 DIY、环保主义消费、极简生活方式等消费观，在一定程度上孕育了生活美学。这种新型的消费观以消费体验为核心，以社群关系为纽带，追逐个性和享乐，除实用性外，还对最终的产品做出审美判断，甚至关注产品的生产过程和生产者。但在互联网时代，消费者对生活美学消费有时并非来自自己的体验，而是对一种潮流的追逐，催生了虚假生活美学。

中国的传统生活美学产品，应多关注中国传统生活方式和造物方式，如儒释道文化、茶道、花道和香道等。生活美学产品是对生活方式和造物方式的阐释，背后蕴含深刻意蕴、仪式感或是匠心，如老舍茶馆与洛可可合作，新器新概念，根据盖碗哲学和禅宗哲学结合打造全新中国盖碗茶（图 4-3-1）。

图 4-3-1　老舍茶馆盖碗（洛可可设计）

三、基于产品的材料工艺的文创产品

（一）陶瓷与金属类

1.陶瓷类。陶瓷是一种人们在日常生活用品中接触比较多的一种材料，被称为"土与火的艺术"，也是人类最早利用的非天然材料。陶瓷刚度大、强度高，以陶瓷作为主要材质的文创产品，常见的比较多的有摆件、餐具和首饰等。在中国宋朝的五大名窑中所烧制的陶瓷，有形制优美、高雅凝重的特点，对于表现素雅之美有着很好的参考价值。不同工艺也会呈现不同的特点，如景德镇的白瓷素有"白如玉，明如镜，薄如纸，声如磬"之称，而玲珑瓷因明彻、通透，被称为"卡玻璃的瓷器"。作者认为，在设计限定材质的时候，应在掌握材质特性的基础上，结合不同生活场景设计，用创新的思维将材质的特性表现出来。景德镇陶瓷大学的毕业设计《流萤集》，利用玲珑瓷通透的特性，与铜钱纹巧妙结合，设计出一系列具有时代感又不失传统韵味的产品。

2.金属类。从"青铜器时代"到"铁器时代"再到现在的"轻金属时代"，金属材料一直是人类文明史上最重要的结构材料和功能材料。金属材料具有良好的延展性，金属的光泽、色彩和肌理等给设计师提供了良好的发挥空间。作为文创产品设计师，应当了解和熟悉金属材料的工艺，从而做到游刃有余。

（二）布艺与竹木类

1. 布艺类。布艺是历史悠久的中国民间工艺中的一朵瑰丽的奇葩。中国古代的民间布艺主要用于服装，鞋帽，床帐，挂包，背包、其他小件的装饰（如头巾、香袋、扇带、荷包、手帕等）以及玩具等。它是以布为原料，集民间剪纸、刺绣、制作工艺为一体的综合艺术。如动植物身上的装饰性花卉等，都是通过剪和绣的工艺制作而成。布艺是营造温馨、舒适室内氛围必不可少的元素，能够柔化室内空间生硬的线条，赋予居室新的感觉和色彩。

布艺品的分类方法有很多，如按使用功能、空间、设计特色、加工工艺等分类。不管用什么材料和加工工艺制作的布艺品，最重要的是用在什么地方和有哪些用途，所以我们通常把布艺品按照使用功能和空间分类。到了今天，布艺有了另一种含义，指以布为主料，经过艺术加工，达到一定的艺术效果，满足人们的生活需求的制品。当然，传统布艺手工和现代布艺家具之间没有严格的界限，传统布艺也可以自然地融入现代装饰中。

2. 竹木类。木材具有易加工特点，是人类最早使用的材料之一，常见于家具、陈设品等。木材给人以生态自然的感觉，有着宜人质感、丰富的色彩和肌理、清新的芳香、柔和的触感等特点。常用木材分为两类：硬木类和软木类。其中硬木又分为，一种是红木，如紫檀、黄花梨、酸枝木、鸡翅木等，这类木头多用于做高档家具或首饰等；另一种是杂木，如胡桃木、樱桃木、桦木等，常用制作家具。对于木材品类的文创产品设计，应注重考虑对材质从不同维度分类，如从档次、硬度、色彩、肌理等方面分类。根据木材的特性不同，巧妙地借用木材原本的肌理和颜色去设计，可以创造出不同温度和情怀的产品。苏州博物馆的"山水间"文具置物座，利用木头来代替片山假石，赋予了文创产品自然的温度感。

（三）塑料与玻璃类

1. 塑料类。塑料是一种相对来说历史较短的材料，第一代塑料于1868年问世，随后发展迅猛。塑料具有易成型、成本低和质量轻等特点，具有优良的综合性能，被广泛运用带家电外壳、办公用品和装饰等，在中低端纪念品市场较常见到。

2. 玻璃类。玻璃与陶瓷一样，是一种脆性材料。玻璃的抗张强度较低，但硬度较大，玻璃还具有许多独一无二的优点，被广泛应用到望远镜、眼镜镜片、梳妆台灯等的生产中。它还能制成酒杯、灯泡、建筑物的幕墙，也能成为价值较高的艺术品。近年来，陈设工艺品这一块越来越多人关注，其中有很大一部分的工艺品造型由玻璃来实现。

（四）泥塑与皮革类

1.泥塑类。泥塑，俗称"彩塑"。泥塑艺术是中国民间传统的一种古老常见的民间艺术。即用黏土塑制成各种形象的一种民间手工艺。制作方法是在黏土里掺入少许棉花纤维，捣匀后，捏制成各种人物的泥坯，经阴干，涂上底粉，再施彩绘。它以泥土为原料，以手工捏制成形，或素或彩，以人物、动物为主。泥塑在民间俗称"彩塑""泥玩"。泥塑发源于陕西省宝鸡市凤翔县，流行于陕西、天津、江苏、河南等地。中国传统泥塑多姿多彩，而在新时代的背景下，泥塑的创新应该符合当下的生活场景和审美。洛可可为腾讯互娱设计的腾讯礼物，即选择的凤翔泥塑进行创作（图4-3-2）。

图4-3-2　腾讯礼物（洛可可设计）

2.皮革类。本书所说的皮革是指天然皮革，也就是人们常说的真皮。皮革是比较昂贵的材料，近些年来越来越受到中高档消费群体的追捧，皮革制品也越来越多地应用到更多的生活场景。皮革的类型不同，其特点和用途也各不相同。例如，牛皮革面细、强度高，最适宜制作皮鞋；羊皮革轻、薄而软，是皮革服装的理想面料；猪皮革的透气、透水性能较好。

四、基于产品的市场需求的文创产品

（一）消费型

消费型文创产品是指能被消费者快速消耗，不适宜长时间保存的文创商品。常见的有土特产与农副产品，一般来说与食品相关的比较多。此类产品会让消费者在游玩途中或回家后快速消耗，但因产品有较强的文化属性和鲜明的个性，从而增强产品的好感度和忠诚度，会让消费者产生重复购买行为甚至愿意推荐给亲友。

（二）保存型

保存型文创产品一般具有较强的纪念性，会带有时代、地域或者是某种精神的印记，同时能被消费者长期保存。保存型文创产品种类较多，从实用性产品到摆件，从使用频度高的使用频度低的，也许消费者会因为忙碌而忽视产品，但每当消费者使用或者欣赏产品的时候会想到产品背后的故事。

例如，"猫王"收音机以电台文化为出发点，由 50 年北美胡桃原木，全手工打磨铸造。每一台都有独立编号，每一台都可以说是世界唯一。2016 年年底，"猫王"全系产品（图 4-3-3）创下上亿销售额，同比增长 700%，如今"猫王"每月可创数百万元利润，2017 年销售额突破 3 亿元。对于文创产品的而言，并不需要讨好所有人，只要抓住文化的本质，将其表现得淋漓尽致，就有可能打造"现象级"产品。

图 4-3-3　"猫王"全系产品

（三）馈赠型

馈赠型文创产品，往往代表赠予方的地位和价值认同，一般来讲做工比较精致、大气和文化内涵丰富等，如国礼常体现国家文化，商务礼品蕴含企业文化。此类文创产品通常为中高端产品，具有很强的象征意蕴，国礼级别产品一般具有唯一性、不可复制性。

洛可可为百度设计的文化礼品，"搜索"及"熊掌"的标志和传统佳节小吃的月饼结合，设计出了"五感 YUE 饼"。借助五感设计全面调动人感官，将传统节日变成一种多维度的感官体验和文化滋养。不只是固有形态产品，更融入个性化参与和体验，让中秋节更具惊喜。同时象征百度搜索"YUE"会呈现出多种可能性。"百星不如一月，携手与你共度"恰到好处又巧妙地将"百度"及"中秋"结合到了一起。

五、基于产品功能的文创产品

商品开发种类多样及功能众多，如博物馆在针对商品研发部分会着手于销售、礼品馈赠、公关及活动宣传等市场需求，以供消费者广泛选择。以功能面来区分，文化创意商品包括：生活实用类（服饰、饰品、文具、生活居家、食品）；工艺品类（装饰性工艺品、实用性工艺品）等。由于商品种类繁多，但以往的商品大多同质化严重，而在新时代的消费观趋向于个性化、差异化。因此，在设计商品上可以增加与以往商品不同的功能性，且要具有创意元素和明确的文化内涵。

六、基于不同参与主体的文创产品

（一）由政府委托的文创产品设计开发

目前，我国宪法规定，国家分为省、县、乡三级行政区划。但在实际治理过程中，包括国家（国务院）、省（直辖市、自治区）、市（地级市、盟、自治州）、县（县级市、市辖区、旗、林区）、乡（镇、街道办）、村等六级治理单元。各级治理单元均设有人民政府（或自治组织），向上逐级隶属，向下逐级管理。地方人民政府根据宪法和地方组织法所赋予的权限，执行本地国民经济和社会发展计划、预算；管理本行政区域内的经济、教育、科学、文化、卫生、体育事业；环境和资源保护、城乡建设事业和财政、民政、公安、民族事务、司法行政、监察、计划生育等行政工作。因此，地方政府对于促进本地区经济、教育、科学、文化、卫生、体育事业的发展，负有主要领导责任。一般而言，各级政府对文创产品设计开发的诉求，一般源于以下几个方面。

其一，各级政府、企事业单位等对外交往与公务会议中，对文创产品存在大量实际需求，成为文创产品设计开发的重要动力。文化特征突出，诉说内涵丰富的文化礼品，可以成为当地政府介绍本地特征，讲好本地故事的重要媒介。以物传情，以物达意，增进受赠方对该地区的情感连接与文化认同。

其二，文化创意与精品旅游是一个硬币的两个方面。一方面，旅游产业精品化发展策略，必将带动客源增加与潜在购买力的提升，对文创产品设计开发产生更多消费预期；另一方面，文化创意产业的优化发展，也必将深化旅游内涵，提高旅游收益，深层次的推动产业升级，促进区域经济发展。各级政府以推动文创产品设计开发为手段，其目的是为了有效加快当地产业升级、促进就业、推进当地经济有序健康发展。因此，地方政府推动文创产品设计开发的视角更为宏观。

（二）由生产加工企业委托的文创产品设计开发

当前，越来越多的生产企业已充分认识到，文创产品设计开发已不再局限于文化礼品、旅游纪念品的狭窄范围，业已成为促进当地产业升级，工业、农业和服务业融合发展的重要手段。文创产品设计开发的工作重点已由早先的文化创意产业化向制造产业文化化过渡。具体而言，文创产品设计开发的重要目的是增加传统日用产品的文化价值，形成文化创意设计向农副土特产品、手工艺产品、轻工业产品、日用消费品、区域旅游产品等综合赋能，推动当地普通消费品的"文创化"转化，提高其议价能力、推动产业升级、促进就业，使当地经济有序健康发展，形成"文创＋产业"的发展格局。一般而言，由生产加工企业所主导的文创产品设计开发，往往具备如下几个方面的需求。

其一，丰富产品文化价值，提高产品议价能力。不可否认，目前我国大多数民用快消品生产加工企业仍以产品的"使用功能"为主要价值输出导向。因此，传统生产加工企业的价值实现仍主要依靠原材料、工艺、劳动力等物质因素，缺乏对产品文化内涵的挖掘，对消费心理与情感需求研究，对消费人群的定位，以及产品品牌的把握。因而，此类加工企业往往呈现出技术含量低、劳动强度大、议价能力差、产品同质化严重等劣势。目前，越来越多的生产企业逐步意识到：所谓"消费升级"不仅只是指功能升级、技术升级、材料工艺升级、销售渠道升级，更包括了产品所蕴含的情感升级、品牌升级、文化升级。传统加工企业迫切需要通过融合文化创意产品设计开发的一般方法，提高其产品的情感张力与文化内涵，进一步细分消费人群，激发消费者购买欲望，实现山东经济的动能转换与产业升级。

其二，借助当地旅游资源，促进生产企业增收。诸如农副土特产品、手工艺产品等的生产加工企业，对当地旅游资源的依赖性很强。如果此类产品无法与当地旅游文化资源高度契合，深度对位；或无法实现标准化的产品评价体系与批量化的生产模式，便往往流于普通农副土特产品、传统手工艺产品的销售模式与价格体系，无法有效依托当地的旅游资源，激发旅游者的购买欲望，改善企业的营收状况。鉴于此种情况，此类产品也需要借助现代设计开发思维，对现有产品进行文化赋意，形态重构以及功能升级。进而形成质优物美，具备当地典型文化特征与情感张力，符合标准化、批量化生产方式的旅游文创产品。

其三，改造原有文创企业，加快产品转型升级。从时代发展的角度观察，文化创意产品设计之所以日新月异，本质上是将既有的历史文化资源，以当前政治、经济、文化、科技、艺术、伦理的视角进行重新诉说，再次组合。使其既具备传统文化的深厚底蕴，又具备当代文化的时代特征。这是"旧物"再次融入时代，焕发新生机的过程。文化创意产品并非今天才有，从事文创产品加工生产的企业早已有之。新中国成立之后，各地大量涌现出基于对传统手工艺作坊改造的工艺美术厂。20世纪五六十年代，这些工艺美术厂所生产的产品，为国家换取了大量外汇，极大地支援了国家建设。然而，目前，很多地方的工艺美术产品生产企业也面临经营不善、人员流失、关停并转的困局。出现这种情况，一方面是由于此类企业没有通过现代企业制度，合理组织管理人财物等生产要素；另一方面，此类企业对产品款型、传统工艺的传承有余，而对其所蕴含的文化内涵创新不足。久而久之，其产品固有的文化内涵与时代文化特征发生分离，无法引起今天消费者的情感认同与购买需求。因此，使用现代产品设计开发的一般方法，对原有文创企业进行整体改造，也是此类企业升级发展的必然需要。

（三）由文化主体所委托的文创产品设计开发

本书所讲述的"文化主体"主要是指文化成果的管理者，譬如文化主管部门，文化成果的存放地（如博物馆、历史遗址公园、文化馆、图书馆、影剧院等），文化成果的产出者（如作家、画家、音乐家、剧作者等）。上述主体或是文化成果的产出者，或是文化成果的存放地，或是文化成果的组织监管者。因而对文化成果的转化具备优先权，成为文创产品设计开发的重要主体、文化主体所推动的文化产品设计开发具有如下主要特征。

其一，博物馆、美术馆、历史遗址公园等单位，是历史文化资源的存放地。对其所在的历史文化成果负有保护修缮，运营管理的责任。随着旅游产业的不断发展，博物馆、历史文化遗址、文化馆等成为重要的旅游目的地。一方面，游客在参观博物馆、历史文化遗址后，往往会产生购买相关文化产品、馈赠亲友、固化旅游记忆的现实需求；另一方面，文化成果的运营部门，也有将其馆藏文物通过复制、衍生、再设计的方式予以转化，进而达到对文化成果积极传播、快速转化、商业增值的目的。

其二，各级文化主管部门是文化成果的主要管理者，其关注的不是一时一域的文化资源转化问题，而应对区域文化的典型资源进行高度凝练概括，提纲挈领、以点带面，塑造系统独特的文化典型生态。因此，以文化主管部门主导的文化产品设计开发，应重调研、重规划、重资源梳理与平台建设。

（四）由设计主体所推动的文创产品设计开发

成熟的产品设计师在掌握现代设计思维方法的基础上，往往具备丰富的文创产品设计开发经验。设计师的责任就是以特产品设计开发为手段，服务区域经济发展，满足人们日益增长的物质文化需要，不断优化人们的生活方式。因此，由设计师主导的文创产品设计开发，往往具有很强的专业思维与社会责任感。概括起来基本具有如下特征。

其一，设计是一个发现问题，进而解决问题的过程。因此，由设计师主导的文创产品设计项目，其着眼点往往不会像政府、文化主体那样宏观抽象；亦不似投资主体、生产企业那样功利。设计师往往更多地针对具体问题提出具体的设计解决方案。因此，设计师主导文创项目，往往以专业设计视角去看待现象，解读文化，形成联想，赋予功能，产生"学理型"设计推导过程。

其二，设计主体主导的文创产品开发，较不受特定区域经济、文化、投融资可能、加工资源、销售渠道的评价制约。因此，观察角度更加客观独立，设计方案更自由洒脱。但也正是因为设计主体较少受当地政府、投融资渠道、加工企业、文化主体、销售渠道的评价制约，也往往会造成很多设计方案无法落地。

（五）由投资主体所委托的文创产品设计开发

目前，在一般民用品的设计开发商业模式中，我们可以将资本、产品、渠道称之为产品开发三要素。三者相辅相成，缺一不可。今天，既有以"生产主体"整合资本、销售渠道等要素，进行产品设计开发的运作模式；也有以"销售渠道"

去整合其他资源进行产品设计开发的模式；更有以"投资主体"主导设计项目，整合生产要素与销售渠道的商业开发模式。应当承认，资本的本质就是扩张，因此，投资主体出于资本逐利的需要，往往会对特定环境中发展潜力巨大，成长性良好、盈利能力可预期的产业或行业进行投资，以获得较高的投资收益率。今天，随着人民对精神文化需求的不断提高，文化创意产业已成为资本投入与效益产出最高的产业之一。因此，由投资主体推动文创产品设计开发的内在需求越发强烈，这种开发类型主要具备如下特征。

其一，本质上，无论是政府、生产企业、文化主体、设计主体、投资主体等所主导的文创产品开发，其动机都含有经济扩张的特征。但它们之间的出发点又有很大不同。如果说，政府主导的文创产品开发，是为了促进当地产业升级，推动区域文化经济的整体协调发展为首要目的；那么，以企业主导的文创产品设计开发，则更多地关注产品的高文化附加值及高议价能力，是以提高企业综合竞争力为目的；文化主体所主导的文创产品设计开发，则包含增强文化成果的快速传播与积极转化的重要目的；由设计主体所主导的文创产品开发，则是发现问题并解决问题的过程，包含有对传统文化传承与创新的社会责任感；但以投资主体所主导的文创产品设计开发，其着眼点与立足点则更多地考虑资本的快速增值。

其二，以投资主体所主导的文创产品设计开发，是将文化资源视为加工原材料，将文创产品设计开发视为生产加工要素与生产过程，将文创设计成果视为商品，将消费者因情感认同所产生的购买行为，视为资本增值的必要手段。因此，单一由资本牵引的文创产品开发，有可能出现对文化资源低端媚俗过度开发，必须由地方政府、文化主管部门、文化主体予以监管匡正。

七、基于 IP 引导的文创产品

如果说，由传统文化和博物馆主导的文创产品所讲述的故事是单集精彩大片，那么基于某个文化主题所打造的文化 IP 的出现，就是要以此为元素讲述系列故事。IP 就是这个系列故事中的主角。

现在几乎所有的文创产品都在借助或者创造 IP 以延长其所衍生的系列文创产品的生命周期，文创产品几乎到了"一切皆 IP"的时代。这样的现状离不开自媒体的快速发展，大家都在借助自媒体讲故事，只要故事讲得好，各种 IP 都可以被炒作起来。网络剧、畅销书、网红等都有 IP 出现，在这之中也有博物馆的 IP。

让我们再聊一下那只故宫猫，这只猫获得了 2016 中国旅游商品大赛金奖。设计师以故宫猫为 IP 衍生出一系列灵动、可爱的文创产品，如图 4-3-4 所示。身穿皇帝衣服或宫廷侍卫服装、眼神萌萌的形象被广泛用于抱枕、水杯、手机壳、冰箱贴等日常用品之中，并且它还可以延伸到其他业态，比如大电影、美术绘本等。

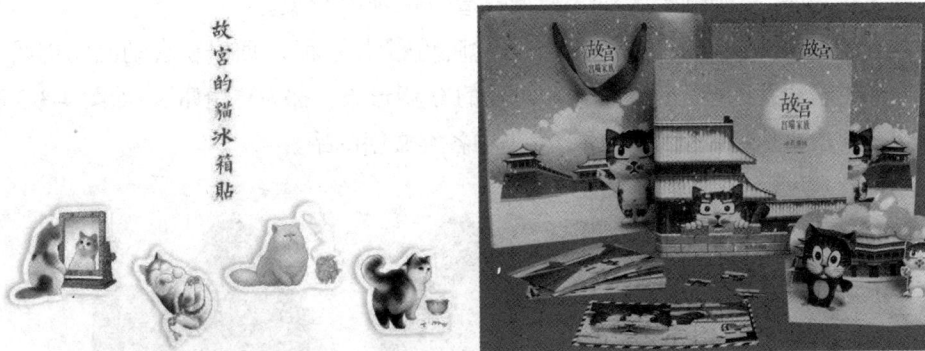

图 4-3-4 以故宫猫为 IP 衍生的文创产品

（一）从 IP 到 IP 文化

IP 究竟是什么？IP 原本是"Intellectual Property"的缩写，即知识产权。而现在它有了新的定义：特指一种文化之间的连接融合，有着高辨识度、自带流量、强变现穿透的能力。我们将这种长变现周期的文化符号称为"文化 IP"。因此，文化 IP 也从最早的文学动漫和影视作品延伸到传统文化等其他领域。

除了故宫的包括故宫猫在内的一系列 IP 及其本身这一超级 IP 外，苏州博物馆的"吴门四家"、陕西历史博物馆的"唐妞"、敦煌研究院的"飞天"都算得上是各大博物馆重点开发的文化 IP，这些文化 IP 都可以在几大博物馆的天猫店首页迅速搜索到相应的标题或衍生文创产品。

再如阿狸表情包、故宫的宫廷娃娃等均可成为文化 IP。文化 IP 的基础依旧是文化内容，并且各 IP 以其优质的原创内容或文化元素的重构聚合了一批初代粉丝，通过衍生成影视剧、游戏、文创产品等方式使粉丝群体以指数级增长，同时反哺原始文化 IP。两者形成相互支撑、相互融合的生态链条，最终文化 IP 价值得以转换、变现、放大和生态化。

（二）设计基础依然是文化

IP 这个词刚出现的时候，有些人认为 IP 仅是一部小说。一部电影或一个人，其实这些只是 IP 的输出方式。IP 自带流量，是以具象化形象为载体的感情寄托，不同国家的文化各不相同，因此流行的文化 IP 也会不同。

IP 形象只是外在的形式，IP 本身包含的文化内容中的故事与元素才是基础。高髻蛾眉、面如满月、体态丰满、宽袖长裙，漫画人物"唐妞"一出现，就迅速获得了人们的喜爱。与其说人们喜爱她的外在形象，不如说人们喜欢的是以中华传统文化为魂，以唐朝仕女俑为原型打造的原创 IP 形象。

唐妞原型为陕西历史博物馆馆藏"唐粉彩仕女俑"。西安桥合动漫的创始人乔乔保留唐仕女造型，设计出呆萌可爱的 Q 版形象，称为"唐妞"。如图 4-3-5 所示，是以唐妞这一原创 IP 形象衍生出的各类文创产品。

图 4-3-5　唐妞形象衍生的各类文创产品

在 2019 年青岛国际版权交易会蓝谷 IP 国际高峰论坛上，唐妞的创作者介绍道，唐妞的出现始于讲好唐文化故事的目的，最终从陕西博物馆收藏的文物中选定了唐朝的仕女俑，从中提炼元素，使其成为更可爱、更萌的 Q 版唐妞，同时也保留中国传统国画的特色。现在，唐妞已成为陕西省历史博物馆的形象代言人之一。

支撑唐妞这个 IP 形象的是唐文化，从 2019 年影视剧《长安十二时辰》的爆红，就可以看到人们更在乎影视剧背后真实的历史故事和文化。《长安十二时辰》带我们走进唐玄宗治下最繁荣昌盛的时期，剧中的十二时辰环环相扣，步步惊心。而唐妞同样是有着深厚历史文化背景，融合西安十三朝古都历史文化底蕴的一个原创且独特的卡通人物，以历史情感为切入点吸引消费者。如果说唐妞 IP 所衍生出的一系列文创产品是一个个小故事，那后续的《唐妞丝路日记》《唐妞说长安》《唐妞说日常漫画》《唐妞的二十四节气》《唐妞读唐诗》就是以唐妞这一形象为故事主角开启的一系列精彩大片。可以看到这一系列的文化内容都是围绕着与唐文化相关的元素展开的，这也是唐妞 IP 衍生出的所有文创产品的基础。

同样是人物 IP 形象，体态俏丽、持乐歌舞、翱翔天空的敦煌飞天 IP 形象所象征的则是向往自由、勇于探索，超越自然，以及一种积极向上的美学基调。此外，飞天还包含佛教因素并蕴含"天人合一，和谐发展"的哲学思想。由其衍生出的文创产品中最吸引消费者的是其蕴含的独特美学元素。如图 4-3-6 所示，是"一带一路画敦煌"系列涂色书，全书共四册，以敦煌飞天为主题，内附半透明硫酸纸和罕见壁画影像。书的左页是真迹影像，可以用临拓古法描摹壁画，也可以在右页对应的黑白线稿上涂色。

图 4-3-6　飞天衍生的文创产品"一带一路画敦煌"系列涂色书

兵马俑被誉为世界第八大奇迹和20世纪考古史上的伟大发现，并被列入《世界文化遗产名录》。说起秦朝，很容易让人联想到"强大"二字，历经商鞅变法后的秦国拥有了强大的经济实力，远交近攻的战略加上良臣杰士，以及一路所向披靡的秦国军队。这些无疑都是秦始皇兵马俑博物馆值得打造的IP形象，其中秦俑IP象征的是拥有钢铁般意志的铁血战士。

坚韧砥砺的秦人与冷暖相伴的大秦精神组成了真正的大秦帝国。这种精神，延续千年而不朽，在新时代里，依然指引着我们前进的道路，这也是秦俑IP吸引消费者的主要原因。如图4-3-7所示，是由秦俑衍生的文创产品——文件夹袋。

图4-3-7　秦俑衍生的文创产品——文件夹袋

上海博物馆主打的IP是董其昌，其衍生出的文创产品主要是和书画有关的文具用品，这也是"董其昌"这个IP的文化来源。董其昌，松江华亭（今上海市）人，是明朝后期大臣，著名书画家，擅画山水，为华亭画派杰出代表，其画作及画论对明末清初画坛影响甚大。以董其昌书法作品和色彩鲜明的画作局部图为元素制作而成的文创产品，无论是复古风纸胶带，还是真丝材质的围巾，都力求表达出一种"妙在能合，神在能离"的境界。相较于各大博物馆丰富的馆藏品，主题博物馆的IP内容就比较单一，甚至其中大部分博物馆对于自身的文化内容还没有进行相应 IP 文化内容的重构。

博物馆 IP 可以比较容易地借助博物馆自身的流量招募到众多粉丝，在中国传统文化中也有众多内容值得并且可以进行转化。然而目前国内大部分的非博物馆原创、与中国传统文化相关的热门 IP 基本都是以影视剧为主。

《花千骨》《诛仙》和《三生三世》吸引的是喜爱各种仙侠剧 IP 的消费群体，他们爱屋及乌地喜欢上了影视剧中的各种仙气飘飘的服饰与首饰，很多消费者也因此去拍摄了属于自己的古风写真。

如今，懂咖啡之艺者众多，通晓茶道者甚少，这让人心碎神伤。如果说古风文化多少还是没有把中国传统文化表现得淋漓尽致，那电视剧《知否知否应是绿肥红瘦》就将我们带入了词意浓浓的宋朝，给我们上了一堂中国传统文化普及课。在这堂课中，通过点茶对茶道文化进行了简单的普及，点茶的过程非常复杂，先要将茶饼捣碎，过筛后只留下茶粉。当然在捣茶的同时不要忘记烧水，因为捣好茶后就要把烧好的水倒在茶碗里，摇一摇再倒掉，这个过程就是温盏。之后加入茶粉和水，用茶筅去搅拌。除此之外，还有投壶、马球。插花、焚香，甚至曲水流觞、即兴赋诗等社交活动，伴随着这些行为文化我们也看到了精致的中国传统物质文化。这部电视剧中的中国传统文化元素非常多，是进行文创产品设计的巨大资源库。

（三）设计核心依然是创意

靠着电视剧同款诞生的文创产品终究是少了分创意，并且产品也受到了道具设计之初所蕴含的文化内容准确性的影响。文化中的故事和元素是前史的遗存，很多已不符合当今潮流，因而需对其文化重新进行解读和创意的表达。

中国国家博物馆可以开发的 IP 内容非常多，想让这么多的文化内容迅速走入人们的日常生活，IP 授权合作是国博选择的方式，馆内的众多陶器、青铜器、瓷器、书画以及基于藏品二次开发的 IP 资源图库，通过授权实现了馆藏文物和文化元素与品牌的对接，同时也提升了品牌的文化价值。

2018 年年初，国博与肯德基合作，在国内 18 个城市设立了肯德基国宝主题店。17 件精心甄选的国家级宝贝都被"请"进肯德基国宝主题店内。在苏州，消费者可以与《明宪宗元宵行乐图》畅谈意趣风华；在成都，可以偶遇诙谐幽默的击鼓说唱陶俑；在西安，可以与人面鱼纹彩陶盆诉说人与鱼的羁绊……人们一边吃鸡一边聊聊历史和店内的国宝主题，瞬间觉得手中的鸡腿都"高大上"了无穷倍。除了在装修上体现主题，经典的全家桶也华丽变身为"国宝桶"，桶的外包装上印刷了各种源自国博馆藏文物的吉祥图案：福庆有余、万福如意、锦绣山河等。

恭王府是清代规模最大的一座王府，最吸引游客的是恭王府内号称"天下第一福源"的福字碑。该碑位于北京恭王府花园秘云洞内，碑上的福字是清康熙皇帝御笔，所造的"福"暗含子、田、才、寿、福五种字形，寓意多子、多田、多才、多寿、多福。中华民族是一个崇尚福且追求福的民族，自古就有祈福、盼福、崇福、尚福的习俗。这也成为恭王府博物馆文创产品设计的重要文化元素，以此为文化IP内容能够轻而易举地吸引各个年龄段的粉丝。据报道，恭王府的文创产品销售收入接近其总收入的50%，这在文博业中并不多见。

通过文物及其衍生出的文创产品，消费者想要看到的是其内在的文化，并通过它们看到特定时代的样貌。《清明上河图3.0》高科技艺术互动展演不借助文物、不通过文创实物产品，同样可以让消费者看到北宋城市的宏大规模与气象。这是一场别样而精致的展览，《清明上河图3.0》展馆约1600m²，共有《清明上河图》巨幅互动长卷、孙羊店沉浸剧场、虹桥球幕影院等三个展厅，借助科技从各种维度最大化地营造观展的沉浸感和互动性。

（四）人格化是文创产品与粉丝连接的纽带

有了文化和创意后，想要某一主题的文化IP吸引更多的消费者，通过人格化IP形象往往可以连接粉丝能量、集聚流量。2019年暑期上映的电影《哪吒之魔童降世》中，为哪吒赋予了"我命不由天"的人格，很多人都愿意为各种哪吒的衍生文创产品买单。该IP吸引人的地方不仅是电影中浓浓的中国传统文化元素，家喻户晓的《封神演义》的故事以及故事和人物的创新表达，更是因为哪吒用自己"生而为魔，那又如何"的态度与命运进行着斗争。也许很多人在哪吒身上看到了自己的影子：一个不屈服于命运的年轻人的身影；为人父母的观众也因为它的贴近生活而一次次地产生共情。

当人格化的人气IP形象和茶饮进行跨界碰撞，一定会吸引众多的年轻人。比如布朗熊与可妮兔各自携带的IP人格化魅力，让布朗熊与可妮兔奶茶店（图4-3-8）成为年轻人的打卡圣地，如图所示。年轻人除了使用表情包还可以用一杯茶的方式来表达自己对布朗熊与可妮兔的萌趣人格的喜爱。对于喝什么茶大概消费者并没有过多关注，但是至少借助布朗熊与可妮兔的人气，让茶饮走进了年轻人的生活，也衍生出众多的周边产品。

图 4-3-8　布朗熊与可妮兔主题茶饮店

　　类似布朗熊与可妮兔的人气 IP，虽然有了人格化的形象，却没有背后的文化和故事，它们的故事总是显得那么单薄。如果在人格化之初让其承载更多的文化内容，加入更多的文化元素，借助传统文化的深厚底蕴也许能让品牌的生命力更强盛。否则，其 IP 形象所衍生出的产品也只能称为周边，而不属于文创产品。

　　基于超级 IP 开发的文创产品并不是简单的形象衍生，文化元素不仅要加上创意还要注重 IP 背后人格化的塑造，才能构建真正的超级 IP。超级 IP 的建立不单单可以为文创产品带来丰富的创作内容，还可以向下延伸，衍生出更多形式的产品。整个 IP 产业链可以划分为内容层、变现层、延伸层、支撑层。从最上游的以网络文学、漫画、表情包以及传统文化为主的内容层，到中游以电影、电视剧、网络剧、游戏以及动画等领域为主的变现层，再到包含衍生品尤其是文创产品、主题公园、体验馆等的延伸层，IP 连接着特定主题的传统文化，让其有了各种状态的表达和传播方式。

第五章　文化创意产品的设计与经典案例赏析

文化创意不仅体现了我国古代劳动人民的精湛技艺和智慧，更是中华民族对外商贸交流的重要品类之一。本章主要介绍的是文创产品的设计方法、设计原则、文化体现，以及文创产品设计的经典案例赏析。

第一节　文创产品设计方法

一、基于品牌运营设计

文创产品设计，通过人与物的互动表达人们对生活、对美的态度。设计师不仅要具有一定的审美意识与表现技能，设计出兼具实用功能与美学功能的产品或用品，将之融于生活，还要具备一定的商业与政治观念，能够从运营的角度出发，让消费者感受到产品与生活的美好，提升产品的商业价值。为了让设计深度融入并参与企业核心价值链，让设计师了解文创消费市场动态从而拥有经营者和管理者视角，瀚港文化推出了瀚峰堂（图 5-1-1）等文创产品集成展示馆，让核心设计师一线销售自己的作品，使得设计师深入了解顾客需求及市场动态。

图 5-1-1　瀚峰堂

　　文创产品设计主要基于用户需求、竞品分析和技术可行性三个方面，要求设计师有效结合设计、经营、管理等多种思维模式颠覆、改变游戏规则，创新性地推出新型产品、服务或合作方式，在设计流程中需设定以人为本的用户体验设计目标，围绕"吃、住、行、游、购、娱"设计好看、好玩、好用的旅游文创产品，为用户创造出令人满意、富有美感、有价值的体验感受。如北京故宫博物院依托运营平台推出了橡皮擦、儿童书包等实用性较强的"故宫猫"系列文创（图 5-1-2）。

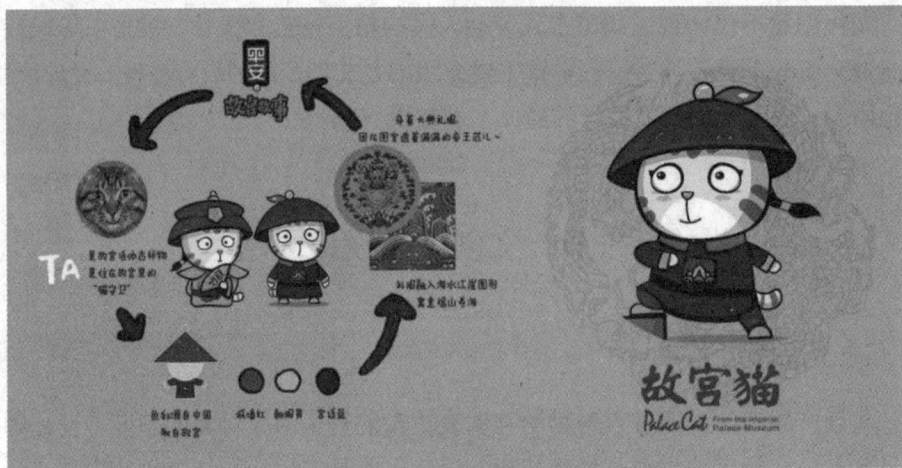

图 5-1-2　"故宫猫"系列文创

　　此外，设计师还需要跳出固有的设计思维，将之与经营思维、管理思维相融合，使得设计深度融入和参与企业核心价值链中，让核心设计师拥有经营者和管理者的经历与历练，呈现设计丰厚的战略价值。在整合运营方面，瀚港提出包含产品服务、品牌服务、终端服务、社会服务的文创"4S"服务设计整合运营系统（图 5-1-3），形成完整的运营产业链。

图 5-1-3　瀚港文创"4S"服务设计整合运营系统

在文创设计中，产品设计强调"物理逻辑"，通过新材料、新工艺、新技术、新模式的共振，给用户带来使用价值；交互设计强调"行为逻辑"，通过信息的链接与体验的优化，给用户带来体验价值。而服务设计强调"系统逻辑"，通过对服务流程的定义与再设计，串联产品与体验服务，服务设计着眼于整体服务流程，连接的是所有可能的资源，通过各种渠道、各个方面的统筹安排，力求让用户从接触信息、使用产品到用后反馈，都能获得完整且满意的体验度。品牌设计则强调"形象逻辑"，在良好的服务体验基础上，通过品牌内涵在视觉上的投射与用户建立更加友好的关系，进行品牌设计。优秀的文创品牌有更低的认知成本，更好的信用背书，更高的产品溢价，并在运营中拥有更多的话语权。打造优秀的文创品牌需定位品牌方向，聚焦细分领域，积累人脉并保持持续的设计输出能力，打造文创品牌是一个长期的过程，不可一蹴而就。

二、营造产品设计情境

设计情境主要是在实用功能性的基础上将侧重点置于对产品的"精神意境"的塑造。这类产品在不使用时可作为工艺品，从观赏性的角度体会产品营造的氛围，在使用时，产品的意义通过操作方式从行为到心境再到精神逐步向使用者渗透。比如，根据江宁织造博物馆"云裳旗袍馆"藏品衍生设计的"百花旗放"旗袍手工皂就具有很强的观赏性，造型取自女子身穿旗袍时所展现的曲线美，质地精美细腻，富有美感。

地处江南的南京降雨频繁，夏日更是连降暴雨，雨水渗入明城墙内，经由其排水系统喷吐而出，形成独特的"龙吐水"景观。南京城墙"龙吐水"茶具正是参照"龙吐水"景观（图5-1-4）这一独特景观，进而起到宣传推广南京城墙的目的。

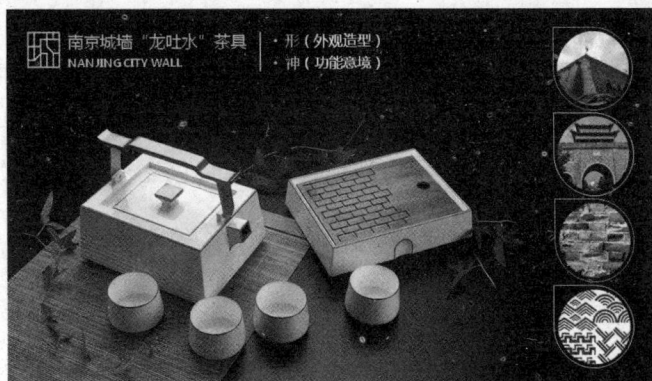

图5-1-4　南京城墙"龙吐水"茶具

三、注重功能性设计

一件产品的功能一般来说不是单一的，它可能同时具备多种实用功能和一定的审美功能，在产品设计过程中，合理安排产品的功能以及各功能之间的关系是其中的关键一环。所谓实用性设计，是指以实用功能为主的设计。

早在一百年前的包豪斯（注：世界著名的设计学院），为了适应大工业生产和生活的需要，提出了功能主义和实用主义。产品的实用功能主要是以作为人们为达到某一目的的工具的方式体现的，比如汽车是人的代步工具，手机则是远程沟通的工具等。一般来说，除了一部分以工业化手段批量生产的、纯粹为满足审美的工艺品外，所有工业化批量生产的产品都在一定程度上具备实用功能，这也是产品一项基本属性。

关于文创产品设计载体的选择，一般来说设计师为了吸引消费者的消费，会选择一些人们日常生活中常用的物品，设计成具有文化内涵的文创产品。设计师采用仿生、提取文物的表面肌理、质感、色彩和造型等方式，将提取的文化元素进行具象转化，结合产品的实用功能设计出日常生活中的"日用品"。

四、演绎故事性设计

文创产品设计师不是贴图设计师，故事性设计常用"讲故事"的方法来体现文创产品的文化内涵特征，让消费者达到心灵的共鸣，是文创产品设计中较为常用的设计方法之一。要讲好产品设计中的故事，需要发现产品中的笑点、萌点、科技点等，通过一定的"梗"和受众进行沟通。

故事性设计，需要充分挖掘产品的文化背景，可以是特殊的产地、非遗文化、历史溯源、优良工艺、严格的制造过程等，也可以是非遗手工艺者或设计师的独特情怀。同时，诉说关于产品的故事，并且告诉受众这些产品有趣、重要的一面。讲故事的文案架构必须合乎逻辑，有着开头、中间和结尾。描述一项商品及其效益，根据文化的重要性来安排文案中故事的先后，把最重要的文化特征放在标题，在阅读文案的过程中，带领读者从最重要的文化特色逐步走到比较次要的文化特色。

五、应用服务设计思维

设计与商业密切相关，产品设计与商业设计并不能简单直接画等号，不符合市场规则的设计产品往往会快速消亡。设计不是简单对产品造型进行创作，它同样可以是一种概念、一个口号，甚至一项政策，并通过设计方法与技巧服务于用户与社会。当代设计其实是用服务设计的思维去做产品设计。文创设计也是一样，如携程 3.0，大家普遍认为携程就是订好机票、吃好、喝好、玩好、住好，其实这是携程 1.0 到携程 2.0 所做的工作。经过研究发现，最麻烦的不是旅游而是去旅游。所以携程 3.0 创新设计了两个内容：一是做内容的旅游，携程和与设计协作做内容旅游，通过调动各方设计资源，获得创新内容；另一个是老年人自驾游，正因为老年人时间较为自由与宽裕，而针对老年用户的产品较少，这就是运用服务设计思维去做产品的良好案例。

例如，木马设计协同创新体系由服务体系、木马文创、木马学院、设计立县、慢生快活以及网络平台组成，木马文创占整个体系的六分之一，是重要的一项新产业。木马设计与各行业品牌均有合作。不同的设计载体，设计需求也截然不同。旅游纪念品需要刺激二次消费，打通生产制造链条与营销渠道；博物馆纪念品设计则相对严肃，强调反映出丰富的文化内涵；影视衍生品设计非常注重时效性，强调短时间内打造爆款，迅速占领市场；企业纪念品通常作为礼品馈赠给客户或消费者，其设计通常需要严格控制成本，在注重创意的同时还要考虑预算。

用户通常把文创产品理解为爆款并与明星产品、自带流量、授权复制载体等相联系，这些理解主观性过强。其实，当下的文创产品设计是多维度的创新，包括商业模式、运营团队、创新资本、内容生产、各方营销、政策法律这六方面。在这六方面要素中，商业模式是第一位的，直接决定了文创产业的生死；运营团队是宣传中枢，需要各方人才的加入共同参与设计创新；创新资本主要指启动资金，由谁来投入资金支持设计与生产；内容生产、各方营销是一种不断迭代的驱动力；政策法律则是要善于运用相关方法，对文创产品知识产权的保护。这六个方面的知识和创新决定了文创产业的去向和成败，需要在设计创新中不断探究。

文创产品的创作过程是一个不断摸索、调整和吸收经验的过程，不仅要有特定的艺术文化基础，还要在设计中突出产品使用时的仪式感，注重用户体验，使产品具备叙事性。文创产品本质是设计一种价值观，也是一种"以小博大"的创新工作。

柳冠中老师曾经说过："设计师应该有一定的战略眼光，所做之事不局限于技术本身，而是引导技术的发展，在设计过程中，不只关注于产品，更要聚焦于服务流程，从而反过来重新定义产品。"尤其是在社会与设计转型的今天，设计的转变也逐步发生变化：一是从"创意"到"产业"；二是从"成本"到"资本"的升级；三是从"创新节点"到"全产业链"驱动的转变；四是从"专业技能"

到"创新模式"的进化。设计已经不是封闭式创新，而是需要运用设计思维，从战略与战术层面去全面思考设计中可能出现的矛盾，通过丰富的创造力、想象力、智慧和体验，把握当下，设计未来。

在此背景下我们一定要拓宽自身视野，全面关注社会问题。最后，作者总结了设计的六种价值：第一种是设计层，包括形式美法则、专业技能；第二种是项目层，注重着眼于整个项目管理、供应链等；第三种是商业层，通过项目去经营，赋予产品经济价值，维持企业生计；第四种是企业层，建立健全企业宏观价值观；第五种是产业层，尝试改变整个产业环境与氛围；第六种是城市，设计为整个城市做了巨大贡献，设计师应具备社会责任感，为社会做出自身力所能及的贡献。

第二节　文创产品设计原则

一、功能性原则

功能性是产品设计的基本原则，一件功能性不强的产品纵然设计再巧妙也难登大雅。产品自身具备的可靠性能是任何产品都需要最优先考虑的内容。其中所包含的安全性、稳定性以及对人的适应性都是必要的考虑点。一件优秀的文创产品不仅要能满足人们的精神层次需求，更要在实用性上加以重视。而考虑到传统文化的独特性，产品的选取方向也应更加贴近生活，如生活用品、衣物、餐具、家具等。传统文化本就是存在于市坊民间而一代一代传承下来的精神寄托，所以产品也应更好地融入老百姓的生活才能在本质上体现出文创产品的价值，所谓"艺术源于生活而高于生活"便是如此。

二、文化性原则

文化是文创产品的灵魂，也是消费者在一般产品和文创产品之间选取时影响主观购买欲望的重要因素。一件优秀的文创产品应在文化上引起消费者的共鸣，在传递信息的同时能唤醒广大消费者对传统文化的认识。文化性原则是文创产品所要遵循的基本原则。

三、审美性原则

在文创产品设计之初，审美因素就是设计师所要考虑的重要一环，在功能性相差无几时，让消费者选择该产品的一个重要因素就是审美性原则。要严格遵循审美性原则，在设计中充分考虑当下的大众审美，在满足产品功能性的基础上最大限度地满足消费者的审美需求，生产出使大众都乐于接受的产品，从而增加产品的关注度以及企业的口碑。

美的产品不仅要满足消费者审美的需求，同时还应使消费者感觉到美观的产品更好用。因此，在文创设计过程中，应该从用户的感受出发，细心观察用户的情感与喜好特征，总结其美学要求，在和文化结合的同时，设计出符合用户需求的美学性产品，从而创造一个温柔的、乐观的、愉悦的、享受的美丽心情，如百雀羚的生产商与故宫珠宝设计师钟华合作，强势推出一款带有浓郁中国风的梳妆礼盒（图 5-2-1），这款产品所具有的精致的中国风广受消费者追捧。

图 5-2-1　百雀羚梳妆礼盒

四、创新型原则

时代的快速发展给人们带来好处的同时，也意味着各方面的更新变化都在加快。而文创产品这样基于文化而生产的产品更是极容易跟不上时代的脚步，所以设计师应时刻保持灵敏的"嗅觉"，时刻注意社会审美需求的变化，以及产品功能性的完善和修改，最大限度地及时满足消费者的需求，为文化创意产业提供更优秀的载体。

五、情感性原则

消费者的感性心理也是文创产品应注意的十分重要的关键点。在消费者购买力和生活需求不断提升的现在，大众的感性心理也越来越受到重视，一件可以引起消费者共鸣的文创产品，显而易见更能融入市场，在为企业带来收益的同时，传递文化信息的效果也更加明显；消费者得到情感体验的同时对传统文化认识的唤醒效果也更加显著。

六、差异化原则

差异化设计实际上就是一种设计创新，要让自己的作品具备差异化特征，就必须从多个角度展开分析、加强判断、深入思考。运用目标市场定位策略对客观存在的不同消费者群体，根据不同产品和消费者的特点，采取不同的设计创新方式。通过市场调研分析，依据消费者划分不同群体，从而对产品品类进行细分定位，是产品创新的重要方法。根据不同的市场需求的多样性和购买者行为的差异性，把整体市场即全部顾客和潜在顾客，划分为若干具有某种相似特征的顾客群，以便选择确定自己的设计策略或方法。

七、市场化原则

市场导向原则强调以市场需求为出发点，不是有什么想法就开发什么产品，而是与市场结合开发市场所需要的产品。当然，在设计文创产品时，应该辩证看待市场导向和文化内涵，设计出兼具文化内涵和符合市场的文创产品。

20世纪50年代以来在西方发达国家随着买方市场的出现而产生现代经营思想。经过数十年来的更新和迭代，该理念已成为当代市场营销学的主线。该理念认为，客户或消费者需要什么产品，企业就生产什么产品，销售什么产品。在这种理念的指导下，企业的出发点不是以现有产品去吸引寻找客户或旅游消费者，而是从市场上的需求出发，规划产品的生产和销售。

文创市场瞬息万变，消费者的需求在变，竞争对手的战略在变，文创相关法律法规也在不断完善，影响文创企业的内外环境日新月异。一个文创企业能否适应文创市场的发展变化，适应到什么程度，是文创企业能否在竞争中求得生存和发展的关键。因此，文创企业必须以市场为导向，适时进行资源合理配置，扬长避短，有针对性地开展市场营销活动，确保企业经营目标得以实现。

第三节 文创产品设计中的文化体现

一、文创产品设计中的文创理念与中国文化的传播

文创理念的诞生与发展，离不开文创产业这片土壤。文创时代 IP 模式的产生，为我国的文创行业打开了新的局面，文创行业不但因此打通了多个不同的文艺领域，实现了文学、影视、动漫、游戏、综艺、文博等资源共通、协同发展，将 IP 进行全领域开发，充分激活文化创新创意的能量，而且中国独具特色的 IP 资源也吸引了大中华区、东亚地区甚至世界范围的关注，这其中既有大陆学习、借鉴其他地区文创领域发展经验，也有大陆的创新机制向外输出、中国文化海外传播。

传播中国文化是典型的跨文化传播，既需要覆盖面，也需要到达率，更需要感染力。我们要做的工作，是面向世界讲好中国故事，而不仅仅是面向中国讲好中国故事。讲好故事就要说新话、说真话、说别人能听懂的话、说打动人心的话。

当代文创发展是当代文化大发展的集中体现，也是推动文化大发展的重要力量。要树立文创理念，鼓励当代中国文化传播的创意性、科技性与生活性，挖掘中华传统文化基因，打造更多有故事、有体验、有授权的文创产品。随着文创产业的发展，新型文化业态不断出现，当贸易中的文化逆差自然消失、传播中的文化折扣自然减少，中国的文化魅力就会自然绽放。

世界复杂性与文化多样性是当代人类社会的普遍客观存在，而保守主义、单边主义、极端主义却是当代人类社会的一种主观存在，会间歇性地凸显与蔓延。在此时代，面对全球性的共同挑战，从文化价值观上解决冲突具有根本性的意义，事实上，科技创新只能解决物质领域的问题，文化创意才能解决精神领域的问题。在此进程中，中华文化中的人文精神，以及基于这一精神基础上的人类命运共同体理念，无疑具有普遍意义和积极意义，既体现民族特色，又适应世界需求，对建设人类新文明具有重要作用。从这个角度上说，文创理念不仅是为了中国，为了传播当代中国文化，也是为了世界，为了建设人类新文明。

二、传统文化在文创产品设计中的体现

（一）基于传统文化设计文创产品的思路

1.传统文化元素的合理运用。传统文化是一个民族的文化特质，是一个民族普遍认知且独特存在的标识，传统文化作为元素融入文创产品，不但有利于文创产品的创新、中国传统文化的延续，而且能在精神上加强人民的民族自豪感，是十分良性的拓展因素。因此，在文创产品中，加入我国传统文化元素是文创产品发展的必然方向，也是必不可少的一项，也是在新时代下继续传承我国优良传统文化的重要途径。但是，文创产品的文化传承并非一味地复制、重复过去的历史，而是应该在传统文化中取其精华，将其整合拓展，使其成为一个独特的元素符号，代表着文化的同时，也向其中加入了新时代下设计师对文化的新一层次理解。不但能反映出我国人民的精神特点，而且有利于人们思想的进步，而非沉浸于过去停滞不前，对文化的发展是十分有利的。善用地域文化也是十分重要的一点，在同一设计风格下灵活地将各地域传统文化的元素变换融合，所产生的实际效果也绝非"一加一大于二那么简单"。

2.传统文化的抽象意境融合。中国的哲学思想一直都是世界上影响力最大的思想，世界四大文化圣人便有一位是中国人。"无极""天人合一"等都是我国极具代表性的抽象哲学的典型代表，也是传统文化意象的杰出体现，更是在设计上历来加以采用的精华。设计师将这些带有丰富的抽象哲学的文化元素加入产品中，可以创造出更具民族特色的文创产品，与此同时，善用这些哲学元素，将使产品本身就带上哲学的气息，使其文化的附加价值更胜一筹。而这些自古就深入我国民众心中的哲学思想，也能使消费者更加容易接受文化产品所传递的信息。

3.注重生活实际体验，将传统文化情感融入设计之中。艺术源于生活而高于生活，设计的本质来源于生活，因此也一定要融入生活，不能跟生活接轨的设计其价值很难得到体现。而设计的灵感多数来源于生活中的每一处细节，正如同牛顿因一个苹果而发现万有引力那样，设计的灵感也往往都源自某个不经意的细节。要保证思维的与时俱进，结合大众当下的心理状况、审美需求，设计出更多带有传统文化气息的文创产品，将设计师的情感融入产品之中，尽可能多地使广大消费者产生共鸣。越是源自细节的设计，越容易走进消费者的内心，越能受到消费者的青睐。

社会的发展是必然的，文创产品也要时刻紧跟进社会前进的脚步，不断创新设计理念，转变设计方法，更多地将传统文化融会贯通，结合大众的行为特点、

审美需求以及功能需求，设计出更多带有鲜明民族特色的文创产品。满足大众生活需求的同时也最大限度地满足大众的精神层次的需求，促进中国传统文化的传承与发展。

（二）源于物质文化的文创产品设计

物质文化是有形的，如园林建筑、景观、服饰、历史文物等实质物体。随着旅游业的发展，各地的历史建筑已经成为文创产品设计的重要创意来源。

例如，我国江南地区的园林历史文化极其丰厚，具有众多可塑的文化元素，接待了无数中外游客。然而，在江南的众多园林中，所售卖的很多文创产品缺少自身特色和文化传承，衍生产品形式单一，缺少创新。以拙政园为例，其文化也可分为物质文化和非物质文化两个方面。文创产品设计作为传播中国传统文化的方法之一，也是继承和发展地域文化的主要手段。在进行文化元素选择的时候，考虑到拙政园是四大园林之一的属性，最值得从园林文化内容主题中提取并融入文创产品中的典型文化元素无疑是园林中的建筑元素，这是最能够体现其独有的精神风貌和地域特色的文化元素。在此基础上，跳出园林文化内容主题文创产品中常见的载体，如明信片等，选择其他形式，让产品不仅具有同明信片一样的装饰性，还有了功能性。

图 5-3-1　木器系列设计之灯·纳

如图 5-3-1 所示，文创产品创意来源于花窗和中国画中的留白创作手法，利用花窗的镂空形式设计了一组木器灯具产品。搭配放置在台灯一侧的亚克力小容器，用户既可以在小容器中栽种迷你植物，也可把它当作收纳盒，让用户在体验

DIY 的同时延续花窗在园林中的空间感，透过花窗仿佛身临其境看到了园林里的花草树木，同系列的夜灯增加了用户的购物选择。

图 5-3-2　苏州记忆·物·候

如图 5-3-2 所示，文创产品则是从苏州园林的众多建筑元素中挑选了具有代表性的月洞门、花窗等进行图形的提炼，然后以提炼后的基本图形进行收纳盒的设计，以榉木和黄铜为材料，形成质感的对比。随四季物候的变化，用户可以放置办公用品、首饰等不同物品，突出其实用性。

图 5-3-3　"苏檐"创意书签（作者：吴姝）

此外，苏州园林中的飞檐翘角也是中国园林建筑艺术的重要表现部分，其外观多呈现为曲线或曲面，造型多变，或端庄或轻盈；其色彩和皇家园林建筑金碧辉煌的色彩形成强烈的对比，在大片白粉墙的映衬下，黑灰色的小青瓦屋顶、栗色或深灰色的木梁架，给人带来淡雅、幽静的感觉。如图 5-3-3 所示，创意书签选取四大园林之一的留园里的三个具有特色的屋顶，作为书签设计的文化元素。书签的银色金属部分和黑色釉料填色部分共同打造出江南园林粉墙黛瓦的特征，点缀其上的绿色让产品整体呈现出江南的柔美。书签下端加上从园林木质结构中提炼出的图形，使整套产品形成一组统一而各具特色的系列书签。

江南园林是中华民族优秀的文化遗产，如何让园林文化"鲜活""灵动""行走"起来，园林主题的文创产品将起到重要的作用。它们将为园林文化的影响力扩张增添动力，使园林不再只是矗立不动的千年宅院。

子曰："非礼勿视，非礼勿听，非礼勿言，非礼勿动。"短短 16 个字集中反映了孔子对"仁"的理解，体现了中国礼仪之邦的优良传统。陕西文物复仿制品开发有限公司根据孔子这句短短的话语，结合秦始皇兵马俑的基本形象，设计了"兵兵有礼"系列憨态可掬的文创产品。卡通人物用手捂着眼睛、耳朵、嘴巴，或者双手背后，通过萌萌的动作诠释"非礼勿视，非礼勿听，非礼勿言，非礼勿动"的理念。并以此为基本形象设计了杯子、本子、卡通冰糕模等一系列文创产品（图 5-3-4）。

图 5-3-4 "兵兵有礼"主题文创产品

　　汉服衍生出的文创产品也是众多消费者所关注和喜爱的类型。汉服最能体现汉族人儒雅内秀、神采俊逸、雍容华贵、美丽端庄的气质，但是它又不是简单的一件衣服，在汉服上浓缩了各种复杂的传统工艺，如蜡染、夹缬、刺绣等。因此，从汉服上可以提取的文化元素非常多。

　　以文创产品定义为评判标准，改良汉服也是文创商品，并且其被接受的程度远高于原汁原味的汉服，在很多景区都有售卖改良汉服的店铺。如图 5-3-5 所示，改良汉服是一个让年轻人迅速接受汉服文化的方法，魏晋风汉服的大袖非常不符合现代人的生活习惯，在延续汉服基本特征的前提下可以不断创新，如把袖口进行缩小。但是，对于以汉服图案为主要文化元素的创意设计，则要尽可能多保留汉服的原有特征。如图 5-3-6 所示，是以唐代服饰文化元素为基础，先进行汉服娃娃的图形设计，然后将图形设计应用在各种产品上，既可以是手机壳也可以是抱枕、杯子等。

　　当然，也可以从汉服款式图中提取部分传统文化元素融入产品中，如图 5-3-7 所示，将汉服的衣领元素融入布书之中，来实现汉服文化内容的表达和传递。

图 5-3-5　改良汉服

图 5-3-6　汉服卡通人物衍生的手机壳和抱枕

图 5-3-7　书衣（作者：张书畅）

（三）源于非物质文化的文创产品设计

非物质文化主要是指那些非物质形态的、有艺术和历史价值的文化内容，是人类在社会历史实践过程中所创造的各种精神文化，如吉祥文化、传统工艺、戏曲、节令民俗等。

1. 以吉祥文化为创意的文创产品设计

中国的吉祥文化源远流长，也和百姓的日常生活紧密相连。以共同的吉祥观为内涵，传统民俗为形式，传统民间工艺为手段，吉祥物品、吉祥纹样、吉祥色彩为载体，共同组成表达人们祈福纳祥的美好愿望的语言。

从新石器时代陶器上的陶文"日"和"月"连成一圈组成的装饰纹案，到西安半坡出土的新石器时代彩陶上的多种形式的人面鱼纹，这些早期吉祥文化将图腾崇拜融于陶器之上，展现了原始先民的吉祥观，之后，这种吉祥观影响着整个中华民族的风俗习惯。

吉祥文化的驱动作用。在中国人千年的生活实践中，"吉"与"祥"这两个字就是一种情感驱动符号，驱使着消费者认同其所承载和附着的产品，从而让游客愿意购买相关的各种类型的文创产品，在情感上驱动人们去感受产品中包含的文化创意设计。

在苏州桃花坞木刻年画中，最受游客喜爱的产品是"一团和气"的年画。同"吉"字一样，"和"字也是吉祥文化元素中最能触动消费者情感的字。"和"代表着和气、和睦、和谐。古代思想家强调"以和为贵""和气致祥"，和合二仙象征着幸福。吉祥文化不单是其他传统文化推广的驱动力，同样也是地域文化的活化剂，让具有差异性的地域文化借助吉祥文化重新融入人们的生活，进而促进地区文化创意产业的发展。

基于吉祥文化的文创产品设计。想要基于吉祥文化进行文创产品的设计必须先了解其语义和表达方式，吉祥文化的内容都不是直表其意，而是寄意于其他形象之中。

寓意手法通常被归结为三类：一是象征，如石榴只是一种植物，因为其种子很多，所以象征着多子；二是谐音，如以具象的"蝠"表示"福"；三是表号，它既是某种形象的简略化，也是一种约定俗成的象征性代号，如由八仙的八件法宝组合而成的图案称为"暗八仙"。因此，基于吉祥文化的文创产品设计首先要从吉祥的表达方式入手，再结合恰当的载体进行创意设计，才能准确地传播包含吉祥文化在内的传统文化。

如图 5-3-8 和图 5-3-9 所示，这些文创产品均应用了象征手法来进行设计。同样是应用花窗元素，将苏州拙政园中花窗的图案与银饰工艺结合进行首饰设计。但是，图案的选择并不是随意地从花窗中提取的，而是在对蕴含在花窗中的吉祥图案进行调研和分析后才做出的选择。此款银书签手链中的花窗图案来自栀子花纹的花窗。

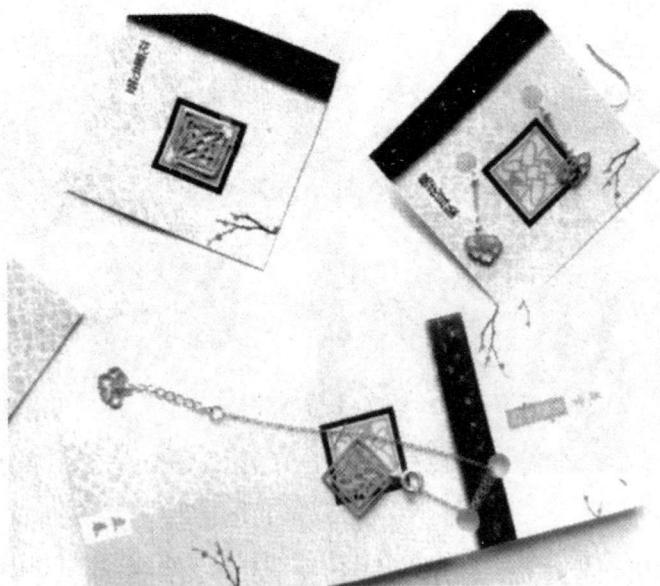

图 5-3-8　拙政园花窗主题银饰及包装

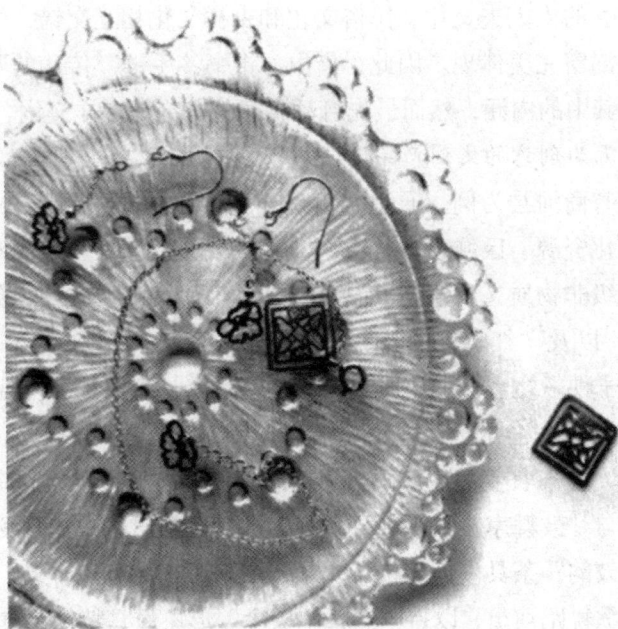

图 5-3-9　拙政园花窗主题银饰

图 5-3-10   拙政园的栀子花纹花窗

如图 5-3-10 所示，栀子形的六个花瓣似如意头纹组成，中心组图如盘长，嵌两支万年青，象征吉祥如意、万年长青。

漏窗不仅使园林内的景物显得幽邃曲折，更重要的是漏窗中千变万化的图案雅俗并存，地域性的士大夫文化、民俗文化和吉祥文化相互交错，编织出丰富的文化资源，通过漏窗完美体现。因此，借由"银书签手链"传达的不单是吉祥文化还有更多包含其中的内涵，然而最先打动游客的必定是吉祥文化。

2. 以区域资源为创意的文创产品设计

这里以山东省商河县为例，通过前期调研，商河县的区域历史文化特征可以分为区域历史文化资源、区域自然资源，及区域荣誉称号等三类。商河区域文化资源主要以国家级非物质文化遗产"鼓子秧歌"为代表；区域自然资源禀赋主要以"商河温泉"，以及"红掌、蝴蝶兰"等花卉产业集群较为著名；区域荣誉称号主要包括：鼓子秧歌之乡、中国民间文化艺术之乡、温泉花香、温泉生态城市、国家级出口产品质量安全示范区、山东最佳投资城市、国家农产品质量安全县、国家绿化模范县、生态农业基地、国家级生态县等。按照以上文化资源，设计者以"香茗鼓韵"与"鼓舞声威"为主要主题，进行文创产品设计开发。

（1）"香茗鼓韵"茶具设计

商河鼓子秧歌舞蹈演员，以持伞而舞"头伞"形象最具特征，典型的"头伞"装扮为白衣红裳，着黑履，扎黄（红）头巾，挂红绒球，戴白髯。左手持红杆黄红相间平顶伞，右手持牛胯骨。舞蹈过程腾空跳跃，迅猛有力，多夹杂大幅度武术动作。因而，"头伞"的扮相与我国其他地区秧歌舞者形象迥异，极具代表性。

其次，"大鼓"与"手鼓"是鼓子秧歌的重要乐器及道具，擂鼓或持鼓而舞的男性舞者动作整齐划一，具有规范舞蹈动作，激励士气的意味。因此，我们将"头伞"的形象作为文创产品设计主要视觉符号，并结合快客杯的使用特点，通过对形象的"卡通萌宠"化提炼概括，满足其使用功能。

"香茗鼓韵"茶具设计分为茶壶、公道杯、茶杯、茶盘与香插等几部分组成。茶壶与公道杯共同构成"头伞"的卡通形象，饱满圆润、憨态可掬；"头伞"的头部为茶壶，头顶结总发髻为杯盖纽；身体部位为公道杯，公道杯服饰花纹由"红掌、蝴蝶兰"提炼组成卷曲适合纹样；配四盏由"红鼓"形态变形而来的茶杯；茶盘形态以"花角"演员手持的方巾为形态原型，茶盘上部印鼓子秧歌场图，下部印"中国商河"篆印，当茶盘反向使用时，亦可盛放茶点；平顶伞正向放置时，可与公道杯侧面"手形"双耳插接，形成完整的"头伞"形象，反向放置时可以作为香插使用。

通过对"香茗鼓韵"茶具使用功能的设计安排，设计者将"鼓子秧歌"中的典型形象、主要道具，以及商河县"红掌、蝴蝶兰"花卉产业集群融会其中。在使用者饮茶过程中，香气与茶气相互交融，似商河温泉雾气缭绕，雨露蒸华。

（2）"鼓舞声威"盘香蓝牙音响摆件

相同的文化题材可以表现不同精神内涵；同样，相同主题的视觉符号，通过不同方向的概括提炼，再次组合，亦可以适应完全不同的功能产品。我们再以商河鼓子秧歌、温泉、特色种植产业等区域特征为例，通过对此三者文化要素的重新组合，可以将其形式语言向"盘香盒＋蓝牙音响"的使用功能转化。

"鼓舞声威"盘香蓝牙音响摆件，设计要素的提炼仍使用鼓子秧歌"头伞"角色为主要形象。不过，与上例不同，此处的"头伞"呈现出较为写实的表现手法。舞者呈现出踏鼓而舞、蹈厉之态。平顶伞随舞者的快速转动中向上翻飞；白髯、头巾、上衣下摆在激烈迅猛的动作中向同一方向飘拂。"头伞"角色其下的"红鼓"比例经过放大，更加呈现出欢欣鼓舞的气势。

圆鼓内部分为两层，上层为盘香盒，下层内置蓝牙音响。盘香点燃后，烟雾升腾，一是象征"伞头"舞者孔武有力，踏地生风；二是象征商河温泉雾气缭绕，雨露蒸华。此外，红鼓表面为水波状环形涟漪图案，其上镌刻"鼓子秧歌之乡、中国民间文化艺术之乡、温泉花香"等地域荣誉称号。鼓的侧面为由红掌、蝴蝶兰、白桥大蒜、商河魁王小枣、李桂芬梨等商河特产组成的扇状适合纹样；两侧中间位置分别为"温泉生态之城、鼓子秧歌之乡""爱与水的天堂"等铭文，点明主题；底座下部形态为山水形态抽象概括的图形，象征商河"绿水青山就是金山银山"发展主题。蓝牙音响中播放"鼓子秧歌"表演过程中的高亢鼓乐，形成综合表现，鼓舞声威，艺术主题的文创产品。

（3）"锦上添花"商务纪念品套装设计

锦上添花商务纪念品套装设计包含记事本、USB 闪存盘、USB 分线器、签字笔、手机架、充电宝、鼠标垫等七个产品组成。文创产品的系列化设计，虽然可以赋予其更多的文化内涵，但也带来了产品之间风格化统一的新问题。该设计综合表现商河县鼓子秧歌"伞、鼓、棒、花"等四类角色的典型特征或道具；并通过纹样设计，表现商河红掌、蝴蝶兰、商河魁王小枣、李桂芬梨等特色种植业与区域特产；部分产品表面材质选用商河传统老粗布，质朴生动，浓郁鲜艳。

该设计使用红黄两色将各产品予以统一，喜庆热烈。记事本封面材质采用商河老粗布，配以综合表现当地特色种植业与区域特产的圆形适合纹样，记事本封扣为鼓子秧歌场图图形；USB 闪存盘为"头伞"形象变形；分线器为鼓子秧歌重要道具"大鼓"形态变形而来；鼓面赋予"场图"图案，签字笔为"伞鼓棒花丑"角色中的持棒演员使用的道具变形，真实道具为两根长约 60 厘米左右的圆木棍，两端绑有花布，签字笔与笔插底座相结合，可以作为手机支架使用；鼠标垫正面为商河老粗布材质，表现特色种植业的花纹图样，反面为商河主要旅游景区地图；移动手机充电宝表面材质仍为商河老粗布，正面中段为"爱与水的天堂"图案文字点明主题。

3. 以传统工艺为创意的文创产品设计

传统工艺指采用天然材料制作，具有鲜明的民族风格和地方特色的工艺种类和技艺。比如潍坊的风筝、天津的泥人张彩塑、苏州的苏绣以及不能以地域来划分的剪纸、漆艺、陶瓷、扎染等，这些传统工艺是历史和文化的载体。现在，设计师也需要为这些传统工艺寻找合适的载体进行创新设计，传承其所承载的历史与文化。不同的传统工艺类别也要考虑其所具有的特点，使其与实际生活和用户需求结合起来，通过创意设计激活其新的生命力。

（1）剪纸。作为非物质文化遗产之一的剪纸，是中华民族非常普及的民间工艺和装饰艺术形式。目前比较常见的以剪纸为主题的文创产品多围绕传统图形进行创作，以单层传统剪纸装饰画的形态呈现，装在各类镜框中。图形是大家喜闻乐见的传统图形，寓意吉祥，以大红色宣纸为材料，其传统性被保留得非常好。

此外，借助机器完成剪纸工艺的纸雕灯也是文创产品中比较常见的类型，让剪纸工艺不再只依靠装饰性而存在，具有了实用价值。在多层剪纸装饰画后加上 LED 灯带，成为具有实用功能的台灯。

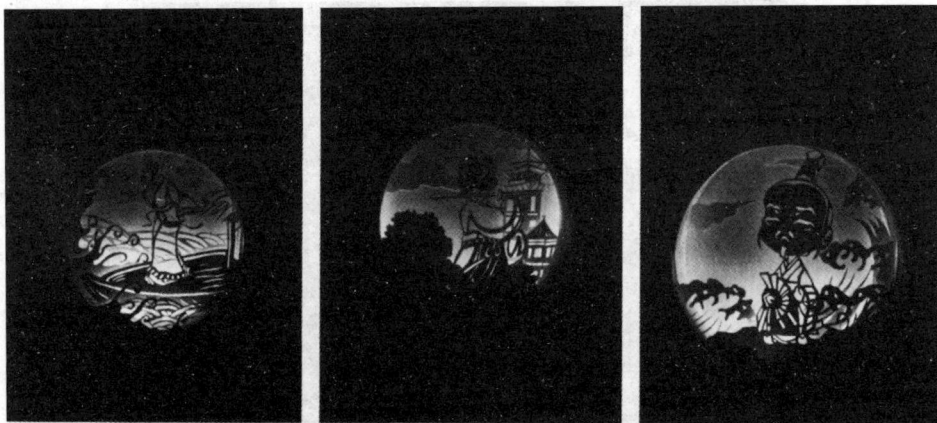

图 5-3-11　端午主题纸雕灯（作者：何嘉丽）

如图 5-3-11 所示，这是以端午节的传说和剪纸工艺为文化元素进行创意设计的一组纸雕灯，通过多层剪纸的图形组合讲述传说。端午节起源于中国，最初是上古先民以龙舟竞渡形式祭祀龙祖的节日。因传说战国时期的楚国诗人屈原在端午抱石跳汨罗江自尽，后来人们亦将端午节作为纪念屈原的节日；个别地方也有纪念伍子胥、曹娥等说法。虽然剪纸工艺的镂空手法在图形表达上别具特色，但是空间感不强，当以多层剪纸的形式组合成完整构图时，既保留了剪纸的基本特征，也让画面层次丰富起来。

（2）漆艺。传统漆艺产品主要以艺术品和工艺品的方式呈现。漆艺艺术品多针对高端市场，以艺术家个人风格为主体，但由于受众群体的审美与欣赏水平的不同，决定了此类艺术品只能在小众群体内流行，数量与市场限制了漆艺的推广。以此为鉴，当漆艺运用在文创产品设计中，要摆脱纯装饰性的约束，融入人们的生活，尤其是年轻人的生活。让年轻消费者，即文创产品的主力消费群体了解和接受漆艺语言的独特魅力，从而实现漆艺文化的推广，也为传统漆艺产业的再次发展开辟新的方向。

如图 5-3-12 所示，这是以漆艺为基础进行创意设计的手机壳。首先，从十二花神中选取对应的花形进行图案设计，然后主要运用蛋壳镶嵌手法完成图案的制作，蛋壳自身的自然皲裂肌理富有亲切、朴素的美感，增加了漆艺的图案表现力，最后罩上透明漆。

图 5-3-12　花卉主题漆艺手机壳（作者：伍惠惠）

（3）绞胎陶瓷。绞胎陶瓷是中国古代陶瓷装饰工艺中特殊的品种，通常是用两种不同颜色的瓷土，像拧麻花一样将它们拧在一起制成新泥料，再拉坯成型，或切成片状态，最后浇一层透明釉烧制而成。由于绞揉方式不同，纹理变化亦无穷。因此，运用绞胎工艺制作而成的产品存在一定的偶然因素，每一次的作品都是孤品，都带着"世上唯此一件"的属性，存在不可复制性。所以每次形成的纹样并不固定，有的像木材的年轮，有的像并列的羽毛，还有的像盛开的梅花等，这些精美的纹饰给人们以变化万千之感。

（4）年画。年画常常被局限在春节使用，只作为寓意吉祥如意的图案而出现。此外，真正了解它们的人少之又少。例如极少有人知道门神其实有三对组合，而且他们的故事生动有趣，又充满祝福的意味，完全可以衍生出众多可日常使用的文创产品。可惜的是，它们被设计师忽略了。虽然它们依旧以原汁原味的年画图案在每年春节准时"出镜"，但是，谁说年画和年画里的角色非得在春节才能"出镜"呢？也许"90后"和"00后"们看到由有趣的年画人物和图形衍生的挂饰后愿意用它们替换书包上的那些挂饰。

桃花坞原是苏州的一处地名，位于曹雪芹笔下的风流富贵之地——阊门内北城下，因桃花坞木刻年画曾集中在这一带生产而得名，与天津杨柳青木刻年画有"南桃北杨"之称。现在的桃花坞木刻年画博物馆依旧坐落在桃花坞，具体位置在市级文保单位朴园里。年画对于中国人来说有着浓浓的吉祥意味，桃花坞木刻年画中的桃花更是为这份吉祥添足了分量，因为桃文化在中国传统文化中充满了吉祥的寓意，民间百姓认为它可以纳福避灾。在博物馆内也栽种了许多桃树，博物馆内小径上有鹅卵石铺就的"福寿双全"，花园里有"和合二仙"石，此外，还在博物馆的特定场景内对年画的贴法进行了展示。商店里的是"招财进宝""开市大吉"，寓意财源茂盛，客厅里的是"三星高照""八仙过海"，寓意高朋满座；卧室里的是"花开富贵""早生贵子"寓意夫妻之间和和美美。比如可以将八仙人物形象或者苏州桃花坞木刻年画中的暗八仙纹样（图5-3-13）进行重新设计，然后以挂饰为载体，相信会和卡通挂饰（图5-3-14）一样受到青少年的喜爱。

图 5-3-13　暗八仙纹样

图 5-3-14　钥匙挂扣

　　虽然神像图腾、戏文故事、民间传说、吉祥喜庆、风土人情、仕女儿童、花卉鸟兽等均能入画，也可衍生有趣的文创产品，但一定要保持原先鲜艳夺目的色彩，丰满均衡的构图，明快简洁的线条与质朴生动的形象，这些都是基础。如果要像其他博物馆一样选一个最值得打造的 IP 形象，苏州桃花坞木刻年画博物馆首选的就是"一团和气"（图5-3-15）。

　　宋代朱熹《伊洛渊源录》卷三引《上蔡语录》："明道终日坐，如泥塑人，然接人浑是一团和气。"明代成化皇帝朱见深为强调皇室团结，以免萧墙之祸，特绘"一团和气"作为号召。在和气可亲之外又添进了"团结一致，和容相处"的含义，也是桃花坞年画"一团和气"的精髓。如图5-3-15所示，图案中央是头戴红花，扎羊角发髻，活泼天真、憨态可掬的稚童笑脸，身穿锦团服饰，颈戴"日月同春"银锁，手捧"一团和气"卷轴，给人喜气洋洋的感觉。图案整体呈圆形，寓意"团圆""圆满",表达了人们在新春佳节中盼望家庭和睦、生活幸福、诸事顺遂的美好愿望。一团和气是桃花坞年画中一幅影响极深、流传很广的传统佳作,也是桃花坞木刻年画的经典题材。

图 5-3-15　一团和气年画

严格来说,包含传统工艺的产品不一定就是文创产品,关键在于有没有对原有传统工艺的运用进行再设计。需要注意的是,创新并非标新立异、割裂传统,而是要在保证传统工艺的精髓和本质"不变味"的前提下推陈出新。

基于非物质文化进行设计的文创产品不局限于吉祥文化和传统工艺,与基于物质文化进行的文创产品设计相比较,它有着更广阔的形态创意空间,同时也增加了设计的难度,大多数情况下没有一个原形态进行参考。因此,基于非物质文化进行设计的文创产品一定要抓住文化元素的精髓。

三、博物馆文创产品设计中的文化体现

早期的博物馆是以收藏为主要功能的机构。随着社会的发展,博物馆逐步成为当地的文化符号和地标性景观,是现代社会重要的文化空间。博物馆在持续发展中面临着运营、维护与管理上资金不足的压力和问题,因此,博物馆需要创新经营手段。博物馆文化创意产业作为一种具备传播属性的特殊商品,可以发挥延伸博物馆的保护、教育、传播等社会服务功能,其收入可以为博物馆可持续发展提供有力的经济保障。伴随产业融合模式的兴起和发展,博物馆与文化创意产业

的融合成为一个不可阻挡的趋势，文化创意产品的开发和市场化运作成为博物馆未来跨越式发展的契机。文化创意产品以其自身的独特性、不易模仿性等特性，为博物馆行业注入了新的经济活力，也是博物馆文化传播的新手段。其销售收入是博物馆收入的重要构成，对博物馆馆藏品的展示、保护、教育功能以及博物馆永续经营的实现可以起到重要的物质保障作用。

20 世纪是博物馆成长的世纪，在"新博物馆学运动"兴起的大背景下，欧美博物馆开启了一场变革，展览理念从排他、冷漠地以"物"为中心向普及追求、寻求民主的以"人"为中心发展。从参观者角度出发，应塑造一个用"人"替代"文物"为中心的展览环境，注重参观者的感受，在博物馆传统的展示、收藏及教育功能之上，延伸出休闲娱乐的新功能，提供更多互动的、感官上的观者体验，提升博物馆对社会和人类生活的影响力，发挥社会功能及实现文化传播的作用。文化创意产业对经济的发展起到了明显的推动作用，世界各国政府先后出台和实施了一系列促进政策和发展的战略，推动相关文创产业的良好发展，文创产业的发展对博物馆文化创意产业的发展起到了进一步的推动作用。

借鉴国外博物馆文化创意产品开发的成功经验，我国也陆续出台政策将博物馆纳入文化产业，鼓励博物馆发展相关文化产业，多渠道筹措资金，促进自身发展。以文化和创意为核心的博物馆文化创意产业，在知识产权保护的基础上，创造了相当惊人的财富和就业机会。因此，世界各个国家、地区以积极的态度，争相发掘其博物馆自身独特的资源，力求创造更多的经济效益，博物馆文化创意产品的开发愈加受到世界各国博物馆界的重视。我国博物馆文创的开发起步较晚，目前仍处于初级阶段。因而有必要对博物馆文创产品及博物馆文创产业的发展现状及问题做一梳理。

（一）博物馆文化创意产品及产业发展现状

1. 资金扶持力度不够

博物馆作为公益性事业单位，政府财政拨款为主要的资金来源。一般来说，政府维护博物馆的正常运转，并提供基本的文物保护研究费用。而博物馆在文化创意产品开发中，需要大量的资金，并且在资金需求的申请中，申请流程是非常复杂、烦琐的，严重阻碍着资金的有效落实，出现了严重的滞后现象，造成了博物馆文化创意产品开发资金的严重缺失，不利于博物馆文化创意产品的发展。

2. 产品同质化现象严重

对某些博物馆很难吸引投资这一问题，其中一部分原因是文创产品类型单一、片面，缺失创意，其特征主要表现为：对馆藏文物照搬照抄；将文物素材不加改动就复制到各种产品上；产品设计仍然停留在最初的设计阶段，缺失多样化的表现形式，与产品多样化的需求有较大的差距，难以激发消费者的消费欲望。此外，还出现了产品同质化现象，相似产品在市面上频繁出现，严重制约博物馆文化创意产品行业的发展，不利于开创博物馆文创市场。

3. 市场调研工作不足

在博物馆文化创意产品的开发和设计中，切忌照搬照抄，要结合继承和发展的视角，深入挖掘文物，并加以有效利用，还要顺应群众的审美需求，这对文化产品的开发具有重大的影响。但是实际上，在多种因素的影响下，一些博物馆的文创产品积压现象非常严重。造成这种现象的原因，主要是前期市场调研工作没有落实到位，没有充分了解消费者的消费心理和需求，在一定程度上与公众的心理诉求不相适应。

（二）博物馆文创产品设计及产业创新发展的有效策略

1. 营造政策环境

博物馆相关规章制度要求充分挖掘藏品内涵，并注重文化创意和旅游等产业的整合，开发衍生产品，壮大博物馆的发展潜力。在文化产业发展中，构建完善的政策机制是至关重要的，可以确保博物馆文化创意产品和产业发展有法可依、有理可据。同时，在博物馆税收和捐赠方面，政府要给予一定的优惠扶持，适度增加财政拨款，并赋予博物馆充足的自主权力，尤其在人事、财务以及经营政策等方面，从而为博物馆文化创意产品和产业发展提供良好的政策环境。

2. 加强产品创新，开辟多元化传播途径

在博物馆文化创意产品的开发中，必须要积极融入创新因素，博物馆要善于征求广大人民群众的意见和想法，积极采纳有创意的想法。所以博物馆要积极举办文创大赛，将极具创意且可行的想法投入开发生产之中，更好地满足消费者的消费需求。

与此同时，博物馆还要改变以往单一的传播途径，要与企业、社会机构等保持密切的交流与沟通，将产品推广出去，扩大销售范围。根据相关市场调查研究发现，诸多企业机构热衷于购买商务礼品，设计师可以结合这一发展现状，融入企业个性化定制元素，赢取企业机构的满意度。而且还要将文化 IP 的发展潜力充分发挥出来，博物馆文化创意产品则可以通过品牌授权来获取经济效益。

3. 积极开展市场调研工作，打造线上商店

在博物馆文化创意产品开发过程中，要积极开展前期市场调研工作，对公众消费需求和心理进行全面了解，树立清晰明确的定位，密切关注市场发展趋势，确保文化创意产品的开发满足消费者的需求。良好的文化创意产品不仅要极具创意，还要注重提高产品的实用性能，赢得消费者的高满意度。所以，要想满足不同目标人群的需求，就要确保产品的美观性与实用性，对产品质量进行严格控制，注重开发到生产的诸多细节。

同时，要善于利用"互联网+"信息技术，积极开发互联网营销渠道，以弥补实体渠道中存在的一些缺陷，充分发挥互联网用户黏性比较高的优势。现阶段，北京故宫、上海以及苏州等地的博物馆来已经成立属于自己的天猫旗舰店。比如，北京故宫博物院文创旗舰店，该商城在成立短短的一年内便成功"吸粉"将近25万，为故宫带来了前所未有的利润增值。

线上商店在获取盈利的同时，也为信息收集提供极大的便利。博物馆文创部门可以通过线上商店来对用户的消费心理、意见等信息进行收集，进一步明确文化创意产品的发展方向，从而促进文化创意产品的快速转型与升级。

4. 打造独特的品牌形象

品牌作为无形资产，具有较高的经济价值，展现了人们对产品的认知程度。基于此，博物馆要构建出独一无二的品牌标识，灵活运用在文化创意产品之中，既可激发观众的购买欲望，又能发挥一定的宣传作用。

以美国大都会博物馆为例，该馆商店的购物袋以大都会博物馆英文字母"M"为主，印刷有文艺复兴时期不同的字体，伴随纪念品的销售，这种品牌标识已经得到了社会大众的关注，并将其视为大都会博物馆的重要代名词。还需要注意的一点是，在品牌创建的同时，品牌维护的作用也不可小觑，要树立明确的品牌观念，注重品牌的知识产权保护。

加强博物馆文化创意产品的开发是博物馆文化产业发展的重中之重，要积极融入创新元素，创造出特有的文化创意产品的品牌形象，加深人们的记忆，从而为博物馆文化创意产品和产业的发展带来全新的发展动力。

（三）博物馆文化创意产品中的文化体现

2016年，以故宫文创为首的博物馆文创给整个博物馆文创产业带来契机，随着2016年5月11日，文化和旅游部、国家发展和改革委员会、财政部、国家文物局《关于推动文化文物单位文创产品开发的若干意见》的出台，更是给了博物

馆文创强大的助力。目前，国内已有数千家博物馆、美术馆、纪念馆围绕自己的馆藏产品进行文创衍生品的开发，其中，故宫文创绝对是人气之王，也是博物馆文创产业的引领者。

近些年来，博物馆文创领域发展迅猛，一方面，中国国家博物馆、故宫博物院、敦煌研究院这中国三大文博馆院，在文创领域都积极与其他各个行业展开合作，传播中国传统文化的灿烂丰富与历史的深沉厚重，赢得了广泛的社会好评。另一方面，腾讯等互联网领军企业、科技代表，在发展内容产品的同时，也非常注重与中国文化相结合，践行寓教于乐，传播人文之美。"博物馆文创"的兴起，体现出了人们对高品质文化生活的期盼，也反映出了博物馆积极回应社会需求，树立文创理念，通过文物藏品与创意、科技、生活相结合的方式，创新载体，服务社会，面向世界，传播中国。

1. 中国国家博物馆文创

国家号召、社会关注、民众热情，让文创产品的开发与经营已成为国内博物馆的"标配"。但在此过程中，每家博物馆也都在根据自身定位与客观条件不断探索属于自己的特色道路。作为在文博领域最具权威性和影响力的国家级博物馆，中国国家博物馆是如何打造和开发明星产品的呢？又如何通过有效运营带来可观流量和广泛社会关注的呢？

（1）循序渐进，三阶段探索文创之路

中国国家博物馆文创产业发展始于 2011 年。2011 年至 2013 年，是国博文创发展的初创期。从一开始，国博就将整个博物馆文创的发展及文创衍生品的开发提升到了战略高度，投入了大量的人力物力，并且将"传播馆藏文明""让文物活起来""讲好中国故事"作为整个国博文创工作发展的核心目标，始终围绕这三个核心目标开拓国博文创产业。

从 2013 年到 2016 年，进入国博文创产业发展的第二阶段，即发展期。此时，国博文创产品种类、经营模式、资金积累等方面都有了一定的基础。随着新馆开放，观众量也在逐年增加，规模从最初的每年 500 万人次到现在每年 800 万人次。单从服务的角度来看，每年国博要服务的观众，也以非常高的增长速度在增加。在发展期，国博由"广"到"深"，更多地聚焦在深入挖掘博物馆的馆藏资源、文创产品的深度开发上，在实施把文物背后的故事挖掘好的同时，也在为国博文创"从馆舍天地走向大千世界"做着准备。

2016 年，国博文创产业发展进入转型期。从 2016 年开始，国博借助互联网技术，与网络进行了深度的融合探索，首先根据文创发展规律进行系统架构设计，再与阿里巴巴集团、上海自由贸易实验区等机构进行合作搭建"文创中国"的文创生态平台，建立了线上的官方旗舰店及线下的"文创中国"大区运营中心。同时，借助与速卖通跨境电商平台合作建立了国博速卖通旗舰店，实现英语、俄罗斯语、西班牙语三个语种的服务，可以覆盖全球200多个国家和重点地区，通过跨境销售使国博文创产品真正首次以文化消费的方式走出国门、走向世界。

（2）品牌建设，开发馆藏资源搭建行业平台

目前，国博已经形成了以"国博衍艺"和"文创中国"两个主打品牌为线索的文创产品链条。"国博衍艺"是产品品牌，含有国博元素的、以国博自己馆藏文物衍生品为主的产品的品牌。国博的文创产品类别丰富多样，设计开发的产品种类有3000余款，其中自主研发的拥有完全自主设计版权的文创产品有1800余款。产品涵盖了创意家居、办公用品、文具、服装配饰、邮品、玩具、电子产品、商务礼品等十二个大类。价格上从几元到几万元不等，可满足不同消费层次人群的需求，受到广大消费者欢迎。"文创中国"是平台品牌，是从文化创意产品的内容挖掘、开发、生产、运营、销售，让社会各机构都能参与进来的平台的品牌。这一平台是立足于文博及相关单位馆藏开发的带有行业性的生态体系尝试。两个品牌目的都是为了"让文物活起来""讲好中国故事"，但又各有侧重、协同发展。不仅能够做好本馆的馆藏文物衍生产品，还致力于搭建平台，实现全国文博场馆的协同发展、各个产业领域的通力合作，这是国博文创发展的优势与特色，也是国博作为国家级博物馆主动承担的责任与使命。

2. 故宫博物院文创

说起故宫博物院文创，2013年中国台北故宫博物院曾出过一款爆款产品——"朕知道了"。以康熙朱批"朕知道了"文化元素，以纸胶带为载体。如此简单的产品，既没有特殊的造型，也没有新奇的功能，仅仅因为有趣而受到网友的喜爱。也许这件衍生品的走红与清宫戏的爆红不无关联，也证明了"让产品具有故事性"是文创产品有别于旅游纪念品的一个重要因素，也是吸引游客以外的消费群体的决定因素。"朕知道了"纸胶带上的字样来自清朝康熙皇帝批阅奏折时的手书真迹。这款产品的背后还有着这样一个故事：

康熙四十九年的十一月二日，江宁织造曹寅给康熙上了一道谢恩的奏折，感谢康熙对自己病情的关心。之后康熙在此道奏折上写道："知道了。惟疥不宜服药，倘毒入内，后来恐成大麻风症。出海之外，千万不能治。小心！小心！土茯苓可以代茶，常常吃去亦好。"

康熙皇帝此则朱批的书写不是偶然，是因为他好医学且懂些处方，除了在宫

中制药赏赐臣工外，也经常通过朱批奏折关怀臣子身体。曹寅这则谢恩折中，提到自己因风寒误服人参，得解后又患疥卧病两月余，前蒙恩命服"地黄汤"等，得以痊愈。而现在又蒙恩命以"土茯苓"代茶服。

这个久远的故事因为一个小物品得以重现，设计者的初衷也是"希望古文物、字画上的图案能以更有趣的方式存在于生活里"，"有趣"不正是文化传递的最好媒介么。

如图 5-3-16 所示，故宫的"萌萌哒"系列文创产品在全国博物馆文创产品中的受欢迎程度非常高，它的背后是长达 5 年的探索与尝试。据《商学院》杂志报道，"故宫淘宝"网店早在 2008 年就注册成立，时至 2014 年 9 月，销售一直不温不火。直至同年 10 月，朝珠耳机的推出才使得网店销量陡然增加，同时也带动了店里其他文创产品的销售。"帝后"书签、"奉旨出差"行李牌等一系列具有宫廷文化气息、好玩、实用、迎合市场的文创产品受到了网友追捧，给文创商店带来了可观的销量。

图 5-3-16　故宫文创商店

故宫文创产品的走红也许和清宫戏的频频热播有关，再加上产品的创意性和实用性都尚佳，走红也就成了水到渠成的事情。尽管清宫戏的热播让消费者内心先有了和产品关联的故事梗概，进而喜欢上产品，但是如果文创产品本身不能和故事融合得天衣无缝，不能真正表达中国传统文化的精髓，也未必能让消费者认可。

2013 年，故宫对围绕故宫 IP 开发的文创产品提出了"三要素"原则，即元素性、故事性、传承性。元素性是指所有文创产品必须突出故宫的元素；故事性是指产品要能讲出其背后的故事；传承性是指产品以传播优秀的中国传统文化为出发点，让其与现代人的生活对接，从而让人感受并接受这种文化。

元素性代表着文化本身，故事性代表着文化表达方式的多样性，传承性代表着文创产品被设计的目的。所以，设计趣味文化不是目的，而是一种创意手段，通过这种方式借由故事带来的流量，实现有效的文化表达和传承。

尤其要注意的是，趣味文化是健康、积极向上的，这也是博物馆文创产品的核心价值。虽然众口难调，各类消费群体对文化的需求程度不一样，如有对历史文化信息的准确性要求较高的，也有只喜欢有趣产品的，但长此以往，后者会背离文创产品设计的初衷。

2018 年开播的热门综艺节目《上新了，故宫》中很好地分析了故宫文创产品的设计过程：有原汁原味的元素的选取，有故事真实性的考证，有文化传承最好载体的斟酌。为受众普及了蕴含在产品之中的文化元素和历史故事。首期节目中，"故宫文创新品开发员"周一围与嘉宾蔡少芬在故宫专家和专业设计师的陪同下，历经一天的发掘，推出了由三件单品组合成的"美什件"系列文创产品。产品的设计从乾隆皇帝喜爱戏曲的故事开始，挖掘故事背后的众多文化元素。首先是倦勤斋的建筑特色，在倦勤斋内有一个小戏台，它是故宫博物院内最奢华、奇特的一处，通过倦勤斋内的家具与门窗上的竹子图案以及双面绣等精美的传统工艺，可以感受到在建造倦勤斋的时候，乾隆对江南有多痴迷。然后是"什件"文化元素。"什件"是古代贵族女子的潮流物件，古代女子会将随身小物件串联在一起佩戴在身上。"什件"最早可追溯到辽代陈国公主墓出土的玉佩饰，有六件饰物串联在一起，分别是玉制的剪、觿、锉、刀、锥、勺。最后，设计师将密藏在乾隆花园倦勤斋中的江南元素——景画中的紫藤雀鸟、金丝楠木仿斑竹的竹形、双面绣上寓意吉祥如意的云纹，以及什件等文化元素进行融合，以彩妆产品作为载体完成"美什件"三件套的设计。

第二期节目中的文创产品是以吉祥文化为主打的"畅心睡眠"系列睡衣，依旧是和戏曲相关，这次主角从倦勤斋和什件换成了畅音阁和戏服。产品的设计从看戏这项皇宫中主要的娱乐活动开始。每逢各种节日，如元旦、立春、上元、端午、七夕、中秋、重阳、冬至、除夕等，皇亲国戚都要在宫中看戏。畅音阁是紫禁城中最大的一座戏台，内有上、中、下三层戏台，上层称"福台"，中层称"禄台"，下层称"寿台"。在此演出的戏曲大多是歌舞升平的吉祥神仙戏，整座戏台都透着吉祥气息，包括其内部的装饰和彩绘，天花板上的仙鹤、蝙蝠等纹样。

设计师将畅音阁天花板上的仙鹤纹样以及卷草纹木雕兽匜等吉祥意象融入设计之中，化乾隆时期的戏衣为现代睡衣，寓意"蝠福，福如意；鹤贺，贺佳音"。将这样的睡衣穿在身上，内心不免觉得和吉祥有了关联。

第三期节目中的文创产品是日晷时钟，这是由一个"学霸"的故事开启的设计。故事的主角是康熙，他的勤勉好学令其洋人老师惊叹："从未见过如此认真、聪明而且勤奋的人。"他亲自炼制西药、大胆研究解剖学等行为，让后人看到了他对自然科学的尊重与热爱，这种勤勉好学的优秀品德便是第一个文化元素。如日晷，其本义是指太阳的影子，后来成为古人的一种计时仪器。北京故宫太和殿中的赤道日晷，晷面用汉白玉制成，是经典式赤道日晷。随着太阳位置的变化，晷针影子在盘上移动一寸所花的时间称为"一寸光阴""一寸光阴一寸金"的成语就是由此而来。前后两个文化元素都有着珍惜时光的内涵，设计师将日晷和日历相结合，将西洋的时钟与东方的日晷进行有效的碰撞与结合，以朝阳、晴空、星夜的颜色染做日历。创作出"日出而作"日晷计时器，意指康熙严谨的求学精神，也提醒着人们要珍惜时间。

在第五期节目中讲述了紫禁城中一位传奇母亲的故事，故事的关键人物是孝庄、顺治帝、董鄂妃；故事关键事件有废后、《罪己诏》；故事关键地点是保和殿；故事关键物品为顺治帝的马鞍。这些关键点连起来就是一个复杂而漫长的故事，从孝庄太后因为顺治的婚姻问题诱发的母子之间的矛盾，引出了一段顺治与董鄂妃的感情故事。

图 5-3-17　香薰杯

由于可以从中提取的文化元素不是那么明显和直接，于是设计师提炼了故事的内容，选择其情景并定格在整套"紫禁·薰"香薰蜡烛系列产品之上，传达的是一段看得见的孝庄的故事。用盲盒的形式将其分为一组六个、四个或两个香薰蜡烛杯，揭开每组和故事主角相关的漫画，就会解锁不同的香薰气味。如图 5-3-17 所示，卡通化的历史人物，盲盒的打开方式，以有趣的方式让更多的年轻人接受传统文化。

第七期节目的文创产品是和乾隆最宠爱的十公主有关的一个故事。设计师从十公主短暂的一生中提取各种有趣的文化元素：特殊封号、投壶、十力弓、漱芳斋、蒙古象棋、抓周等，以故宫博物院全景为游戏地图，融入小朋友喜爱的游戏棋之中。整套游戏棋的玩法类似大富翁游戏棋，通过游戏棋能够了解十公主的一生。同时，这个游戏棋也是一款亲子游戏棋，产品十分契合乾隆宠爱十公主，陪她一起玩耍的这个故事。

　　虽然像《上新了，故宫》这种先讲故事再设计产品的呈现方式不能推广到所有产品上，但是我们依旧可以在故宫的文创商店内发现不少一眼就能透过产品本身看到背后的文化元素以及故事的产品。

　　如图 5-3-18 所示，这个是一款百蝶流苏手拿包。设计师从清宫旧藏"百蝶纹女袷褂襕"中选取了平金绣的蝴蝶，将其融入手拿包中，通过它呈现给消费者的是清宫女子的日常穿着打扮。

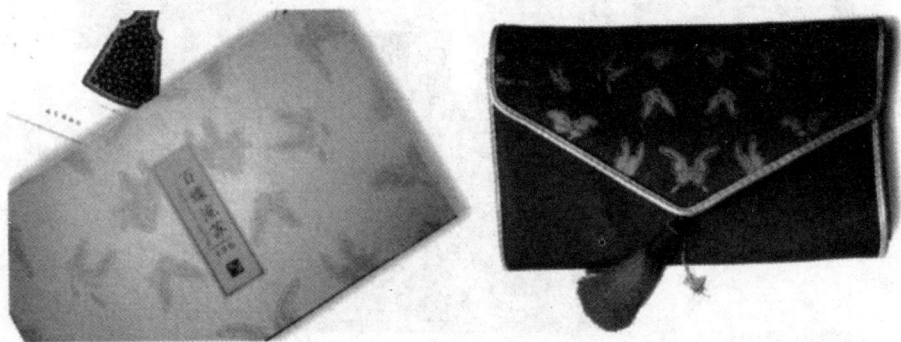

图 5-3-18　百蝶流苏手拿包

图 5-3-19　清宫后妃首饰·簪子贴纸

　　如图 5-3-19 所示，这些文创产品属于最简单的贴图法，但是每一款首饰的工艺都各不相同，传达着中国传统工艺的精致。设计师用手绘的方式，以贴纸为载体，向人们讲述清宫后妃们日常佩戴的首饰的故事。

在众多的故宫文创产品中，还有一款特殊的产品，很难把它归到特定的种类中，也很难界定它的作用，这就是《谜宫·如意琳琅图籍》。故宫给它的属性是"创意互动解谜书"，单从外观上看，它就像一本普通的书籍，但又不是传统意义上的只通过阅读获得知识的书籍，而是以文字阅读体验为基础，借助手机实现互动的解谜游戏书（图 5-3-20）。

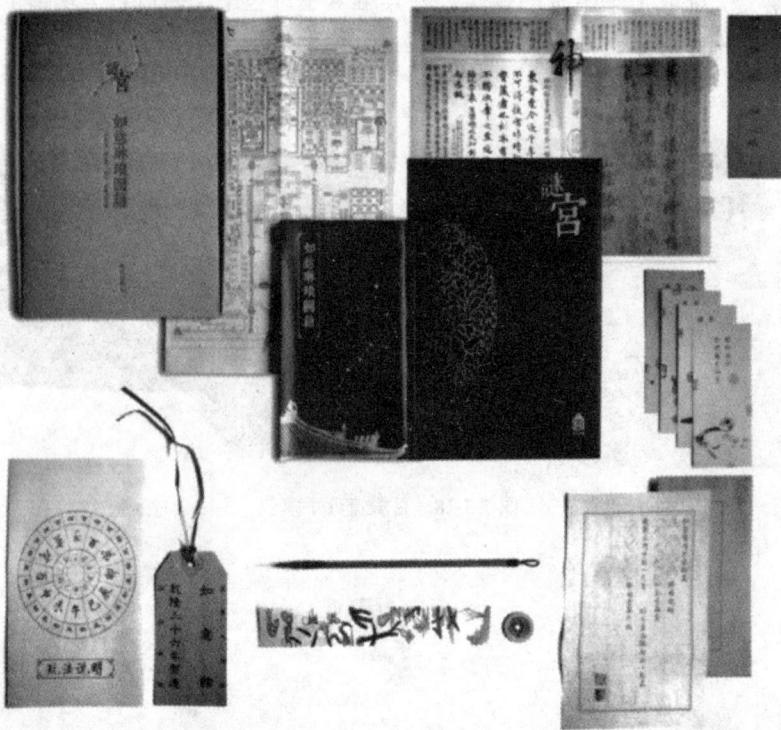

图 5-3-20 《谜宫·如意琳琅图籍》文创产品包装及实体书与线索道具

故宫是传统文化的载体，凝聚着中国人的智慧与创意。既保存好已有的物质财富，又将故宫蕴含的精神财富挖掘出来，一起传承下去，是国人对故宫作为博物院的期许。基于此，故宫与腾讯等多个科技企业合作，借助科技的方法、网络的力量，让古老的文化在今日也能渗透进人们的生活。在这些合作中，故宫借助新科技推动文化的传播，文化的发展也带动更多技术的革新。故宫所代表的传统文化不断产生新的创意，与更多新领域、新技术相融合，也推动了传统文化的传承和延续，赋予传统文化属于这个时代的全新活力。

3. 苏州博物馆

对比故宫从建筑到文创产品都是满满的宫廷气息，苏州博物馆从建筑到产品则是两个字——文艺。百年来，明清两代苏州文人所创造的以"精细秀雅"为特色的苏州文化渗透进苏州的方方面面，也吸引着众多游客，苏州博物馆亦是以文雅为主打风格。

苏州博物馆旁是四大名园之一的拙政园，馆内一部分还是太平天国忠王府，向南步行五分钟就是狮子林。贝聿铭的设计让苏州博物馆建筑成为文创产品的设计元素之一，开创了国内博物馆建筑成为亮点的先河，并衍生出一系列文创产品。如图 5-3-21 所示，这是以苏州博物馆建筑为设计元素的夜光书签。

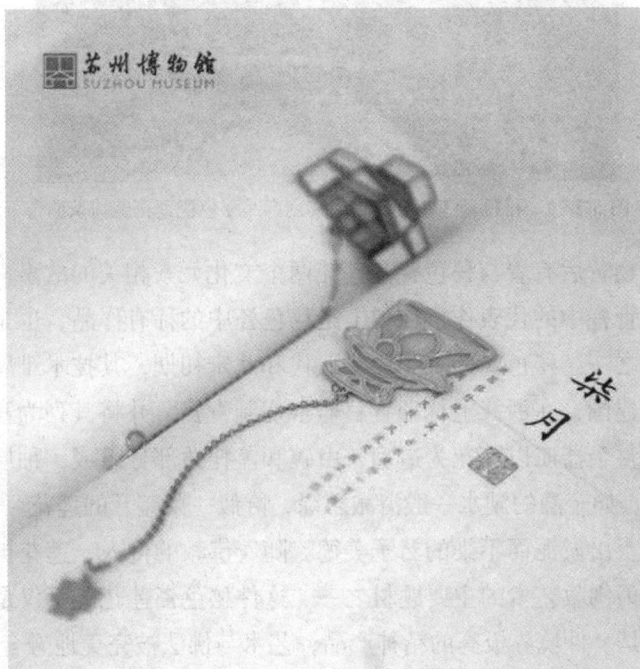

图 5-3-21　苏州博物馆建筑夜光书签

很多博物馆都会以镇馆之宝作为文化元素进行文创产品的开发。提起中国台北故宫博物院，人们会立刻想到"翠玉白菜""东坡肉形石""毛公鼎"这三大镇馆之宝。翠玉白菜胸针、翠玉白菜挂坠和翠玉白菜橡皮都是以翠玉白菜为文化元素进行设计的衍生类文创产品。大英博物馆的文创产品则是"埃及罗塞塔石碑""古希腊帕特农神庙的埃尔金大理石雕塑"和《女史箴图》。

在苏州博物馆文创产品中最受参观者欢迎的一款是由镇馆之宝秘色瓷莲花碗衍生出的秘色瓷莲花碗抹茶曲奇（图 5-3-22）。

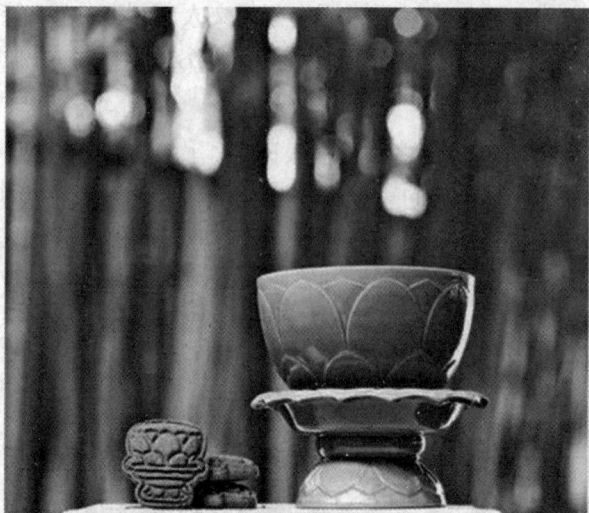

图 5-3-22   秘色瓷莲花碗及衍生文创产品秘色瓷莲花碗抹茶曲奇

在这件文物背后有着与秘色瓷和莲花两个文化元素相关的故事。秘色瓷莲花碗是一件越窑青瓷中的代表作，称得上是秘色瓷中的稀有作品，也是苏州博物馆三件国宝文物之一。秘色瓷始烧于唐、五代和北宋初期，其技术难度较大。五代时吴越王钱氏建国，在浙江上林湖置官监窑烧制青瓷，并将其列为宫廷贡品，庶臣不能使用。整个器皿以莲花为造型，由碗和盏托两部分组成，釉层厚且通体一致、光洁如玉，如宁静的湖水一般清澈碧绿，恰似一朵盛开的莲花。荷花即莲花，历来被人们赋予出淤泥而不染的君子美德。随着佛教的传入，莲花被赋予了更多的内涵，并成为佛教艺术的主要题材之一。这件秘色瓷莲花碗不仅是一件精美的瓷器，同时也是一件境界极高的精神产品，艺术与佛法被完美地融合在一起。

秘色瓷莲花碗抹茶曲奇之所以被众人所喜爱，除了文物本身是苏州博物馆的镇馆之宝外，与其平易近人的价格和中国人"民以食为天"的信条不无关系。食品也是文创设计中的一个非常接地气的产品载体。

仔细观察苏州博物馆中的众多文创产品，大多是和地域紧密结合，围绕着"吴门四家"进行的。吴门四家也称明四家，分别是沈周、文徵明、唐寅和仇英，这也是苏州文化的重要名片。四人的画作对后世影响极大，也为文创产品设计提供了非常丰富、直观的视觉素材。

如果说乾隆的"带货"能力在故宫是排第一位的，那么唐寅的"带货"能力在苏州博物馆就是独一无二的。在明四家中大家最为熟悉的就是唐寅（唐伯虎），虽然他的画作不是人人都能欣赏，但是唐伯虎点秋香的故事大家都耳熟能详。所以，以唐寅为文化元素开发的文创产品的品类不算多么特别，都是些最为常见的明信片、笔记本、手机壳、书签、文件夹等，却也自成特色，十分实用，颇受消费者的喜爱。

也许是因为苏州本身就是座文艺的城市，苏州博物馆的文创产品只要和苏州的文化元素一沾边就立刻变得文艺起来。比如沈周玉兰缂丝真皮钱包，钱包本身是实用的东西，但是缂丝的金贵让普通人用起来总是小心翼翼；再比如明四家彩墨限量珍藏套装墨水（图5-3-23），光是四色不同的墨水名称就雅致。文艺到了极点，产品具有染料墨水的渐变与流丽，配上唐寅的桃花一梦信笺，仿佛自己也成了桃花树下的桃花仙。

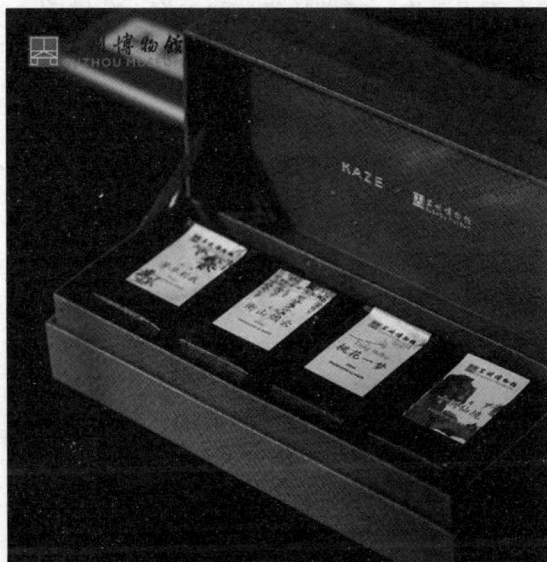

图 5-3-23　明四家彩墨限量珍藏套装墨水

虽然它的实用性几乎为零，但苏州博物馆卖的就是故事，消费者买的也只是情怀。每年紫藤会结出约 5000 颗种子，设计师会从中挑出 3000 颗，文创产品一盒 3 颗种子，每盒 25 元，每年限量 1000 份，往往在预售时便被一抢而空。文徵明作为明代画坛的领军人物，赋予这棵百年古树不一样的情怀，其种子因此便有了一种苏州文脉延续和象征的寓意，通过这颗种子有一种思接千古的感觉，仿佛穿越回《姑苏繁华图》中的那个姑苏。明四家有着说不完的故事，也有着说不完的文化元素。2019 年年初，苏州博物馆还与天猫新文创跨界合作唐伯虎春日现代游，利用苏州博物馆的建筑外观及四大才子的人物形象，以春游穿越之旅为主题，设计出以 2019 春茶为主打的产品。分别是桃花流水之间、穿越时空之间、诗情画意之间、山水画卷之间四大主题，衍生出 10 款不同类别的产品。同时，苏州博物馆还精心策划了一场为期 6 天的"明代才子茶派对"，不仅有产品的体验还有场景的体验。所以说，文创产品并不一定是有形的，还能以"有形＋无形"的方式存在。

在苏州博物馆众多的以茶为主题的文创产品中，这是一款既价格亲民，又十分雅致有趣的茶包——唐寅茶包（图 5-3-24）。茶包上的唐寅成了一个潇洒风流中有一点呆萌的江南文人，似乎和周星驰的影片《唐伯虎点秋香》里的形象重合了。在影片中，唐寅有这样一句台词："别人笑我太疯癫，我笑他人看不穿。"这似乎就是众人想象中唐寅的样子。豆瓣上对于产品的评论是这样的："好可爱啊，颓废又可爱的调调，让人不忍去泡。感觉和每日的工作十分搭配。茶叶包装竟能如此萌！'江南第一才子'醉倒在茶杯。"

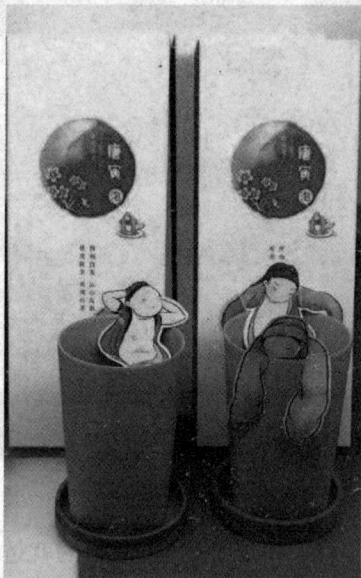

图 5-3-24　唐寅茶包

唐寅和他的朋友祝枝山、文徵明、徐祯卿同为江南四大才子，都很喜欢喝茶，并留下了不少关于茶的"茶画"和"茶字"，其中尤以唐寅的《事茗图》和文徵明的《惠山茶会记》最为出名。唐寅在《事茗图》中的题诗标志了"文人茶"的境界："日长何所事，茗碗自赏持。"茶不仅是一种饮料，更是一种生活方式。苏州博物馆换了种文艺的方式，随礼盒附赠《唐伯虎小传》，让消费者再次跨越时空感受"文人雅集，醉卧风流"之趣。

4.敦煌研究院文创

敦煌研究院是我国拥有世界文化遗产数量最多的博物馆，也是一个特别的存在。如果说一般的博物馆开发文创产品都是为了借由载体传播文化，让文化融入人们的生活中，那敦煌研究院文创产品的开发就是为了原汁原味地将世界文化瑰宝"永久保存、永续利用"。

由于馆藏展品的特殊性，就算游客到了敦煌研究院也不能看到所有的洞窟和壁画。但是，为了让更多的人看到敦煌的每一卷、每一幅独一无二的壁画，敦煌石窟壁画已经过 20 多年的数字开发，已完成 150 个洞窟的数字化采集，120 个洞窟的结构扫描，60 多个洞窟整窟数字化处理，以及 110 个 360° 虚拟漫游全景节目等。

2017 年，敦煌研究院与腾讯开展合作。敦煌与腾讯的合作，既是时代的产物，又是跨时代的结合。此前，敦煌因位于中部地区，文保科研经费有限，旅游客流也不大，整体开发水平和国博、故宫相比都有距离，给人的印象就是"敦煌是传统的"。但随着时代的发展，传播敦煌文化也需要有现代观念，需要利用科技手段，展开创意开发，让年轻人接受。因而，敦煌与腾讯展开合作，目标明确：希望敦煌的科学研究，能够借助腾讯的数字文保方案，展开进一步的创新探索，扩大敦煌石窟文化在世界范围的影响。

（1）数字供养人——年轻人接续文化薪火

"数字供养人"的概念源自敦煌石窟"供养人"。1650 多年前，丝绸之路上的人们为了寻求护佑与指南，在敦煌出资开窟，这些出资人就被称为是敦煌石窟的"供养人"。今天这个网络时代中，"供养人"的形式当然也有了新的变化。2018 年 6 月，敦煌与腾讯共同策划发起了"数字供养人"计划，从敦煌供养人的历史渊源出发，鼓励大众，尤其是年轻一代，通过互联网公益、游戏、动漫、音乐等多元化数字创意方式，参与到敦煌壁画的数字化保护之中，成为敦煌在网络时代的"数字供养人"，将敦煌的千年文化传承到下个千年。

"数字供养人"计划精选 31 幅即将消失的敦煌壁画，并标注原解，再结合现代人熟悉的生活场景和语言形式，形成一系列智慧妙语。将千年壁画里的普世智慧，应用到现代大众生活场景之中，图文并茂制成"智慧锦囊"互动 H5。同时，用户也可以通过这个入口，捐赠 0.9 元用于敦煌莫高窟的数字化保护，项目上线 2 个小时就获得超过百万用户关注，唤起全民文保意识，让敦煌壁画的数字化保护不再是一家之事。

（2）数字化保护——敦煌壁画修复再添利器

要进行文化再生产，首要的前提，必然是确保敦煌壁画中历史、文化信息的准确和完整。在敦煌石窟中，共有历代壁画五万多平方米。长久以来，自然和人为因素给它们带来了诸多损毁。要复原临摹这些壁画，需要耗费大量时间和精力。比如，莫高窟第 172 窟整窟的复原临摹工作，就需要花费 16～20 位美术工作者 3～5 年的时间。针对这一问题，腾讯的优图实验室，与敦煌专家开始探讨，是否有可能利用新技术来提高壁画修复、还原效率。比如，利用计算机视觉技术辅助分析壁画的配色方案，以及破损区域检测等。通过人工智能算法可能把一些壁画临摹步骤自动化，进而提升整体的临摹效率。

双方也在尝试基于 AI 技术的再创作。通过对完整壁画头像的深入学习，腾讯研发出一套人像风格迁移算法，能够将变色、残损的壁画局部进行创作修复。

（3）数字化创意——飞天、古乐"降落凡尘"

敦煌石窟中有着丰富的造型元素，腾讯和敦煌也希望通过现代艺术形态进行演绎，让它们获得全新的生命力，再次成为我们日常生活中的组成部分。腾讯旗下受到全民欢迎的游戏《王者荣耀》，基于敦煌研究院的指导，打造出了一款以敦煌壁画为主题的英雄皮肤——"遇见飞天"。为了能在这款皮肤里，尽可能地还原敦煌壁画中飞天的形象，腾讯投入了 22 位设计师，在敦煌研究院 3 位专家的指导下，翻阅了大量文献资料。前后历时半年，经历了数十版的反复修正，最终得以成形。"遇见飞天"这套皮肤的每一个细节，都是可以在敦煌壁画中找到原型和依据的。在色彩上，在设计时，选取了盛唐敦煌壁画中常用的铅丹、铁红、石青和青金石等颜料的颜色，作为这款皮肤的主色调；在装扮上，尽可能参考了盛唐女性的妆容和服饰。而飞天所佩戴的璎珞、臂钏等，也都取材于敦煌壁画。该皮肤上线之后，"飞天"的美通过全方位的动态重绘，再次出现在当代人的面前，4000 万用户因此下载了这款皮肤，通过游戏的渠道感受到了敦煌文化、中华文化的魅力。

敦煌文化不仅仅停留在视觉上，同样属于敦煌文化的，还有敦煌古乐。在长期的科学研究中，敦煌研究院解析整理出了一批敦煌古乐曲，基于这些研究成果，敦煌与腾讯、QQ 音乐联合举办了敦煌"古乐重声"音乐会，不仅演奏了经过解译后原汁原味的敦煌古曲，更展示了当代艺术家及音乐人以敦煌文化为灵感打造的"古曲新创"系列优秀作品。这些音乐从敦煌藏经洞古乐谱发详，让敦煌文化与音乐场景连接，实现敦煌古乐的复原和新生，实现了敦煌音乐文化的保护与传承。

从汉到清，敦煌的历史与遗物渐渐沉入黄沙之中，然而，"是啊，当你俯下身去，捧起一把黄沙，故事就会在你的掌心里。拨开尘沙，又见敦煌。"这是一场普通的表演么？不，这是一场文化的创意表达，将敦煌文化以故事的方式呈现给观众，这是无形的文创产品。

敦煌文化和表演融合诞生了《又见敦煌》，而其与手游结合的时候同样能为人带来惊艳的文创产品——王者荣耀限定皮肤。2018年年底，王者荣耀团队联合敦煌研究院推出杨玉环"遇见飞天"皮肤，其美术价值和技能效果堪称游戏界的顶尖作品。皮肤的设计方案均是从莫高窟寻找的最原汁原味的元素。比如，杨玉环的唇部采用了点绛唇，点绛唇的形式来自161窟（唐朝）画师采用的"点虿"之法，形成樱桃小口一点点的嘴唇造型（图5-3-25）。

图 5-3-25 《王者荣耀》杨玉环"遇见飞天"皮肤

体验完表演，收集完皮肤，观众可以再去敦煌研究院的文创商店逛逛。在商店内常见的品类基本也集中在杯子、本子、纸胶带等其他博物馆内常见的商品。在这些商品中，比较有特色的要数这款"壁上花开"瓷砖贴了，如图5-3-26所示。敦煌莫高窟的壁画充满了静寂、神秘的色彩，带有一种西域佛教的意境和风格，巴掌大小的文创产品并不能很好地传达这种需要一定空间才能营造出的文化内容。而这款瓷砖贴从敦煌莫高窟的多个洞窟中提取纹样元素，借助瓷砖贴这一载体，使消费者可以根据自己的喜好装饰家中的墙面。四种不同的图案在不同的空间，经由不同的人营造出不同的意境，每个人在自己的家中"幻化"出曾经去过或者没去过的那个敦煌，不同洞窟中的文化元素通过不同的空间再次透露和传达出敦煌文化的深刻内涵。

图 5-3-26 "壁上花开" 瓷砖贴

这是一件能够与消费者互动的文创产品，是一件元素与载体高度相匹配的文创产品，从而让文化的传达变得准确而简单。虽然我们可以用画册的方式替代《又见敦煌》讲述敦煌的故事，也可以用人偶娃娃替代手游皮肤去描述大唐女子的妆容，更可以用最简单的纸胶带再次绘出洞窟中的壁画，但是从《又见敦煌》到手游中的皮肤，再到"壁上花开"，每一个故事传达的方式、元素运用的载体似乎都刚刚好。

（四）博物馆文化创意产品的创新设计

1. 创新原则

（1）注重在文化创意产品中融入日常美学

当前，部分博物馆在运行发展过程中较为偏向复制藏品，因此导致文化创意产品过于单一并且不具备新颖性，导致文化创意产品的使用价值严重降低，与此同时，文化创意产品自身的美学也不能有效体现。消费者在购买此类型文化创意产品之后，往往将其束之高阁，不能进行有效利用。这样一来，在一定程度上制约了博物馆文化创意产品的研发工作。

（2）传播独特的文化

众所周知，博物馆文化有效体现了馆藏文物的文化特征，除此之外，博物馆还应该注重传播本民族文化、地域文化、国家文化等内容，在此过程中，博物馆可以通过开发设计文化创意产品的方式，体现博物馆的文化内涵，使人们能够充分感受博物馆的文化价值。

（3）塑造品牌个性

在众多文化创意产品中，由于博物馆文化创意产品的特殊性，设计人员在开展设计工作时不仅要充分结合当前市场状况，还需有效结合本地特色，最终塑造出符合博物馆特色的全新品牌，为文化创意产品的后续发展与推广打下基础。在此过程中需要注意的是，当博物馆借助文化创意产品走向市场时，需要对市场品牌理念进行全面了解与学习，以便能够制定出符合自身发展的品牌推广策略，实现博物馆文创产品品牌的个性化发展。

2. 创新策略

博物馆文化创意产品身为我国新时代的文化传播方式，拉近了受众与博物馆之间的距离，以新形式履行了博物馆自身的公共教育的职能，使受众充分体会博物馆独特的文化魅力。博物馆文化创意产品想要长久健康地发展，需要对产品设计不断创新。

（1）更新开发理念，创新管理模式

相关设计人员在开发设计博物馆文化创意产品时，需要不断引进新理念与新技术，积极参考国外众多先进国家的管理模式，利用博物馆自身多元化的优质资源，提高文化创意产品的价值。除此之外，相关管理部门应该不断完善管理模式，以实现社会效益和经济效益为原则，使博物馆文化创意产品在发展过程中能够不断获得新活力。同时，要学会借助社会力量，解决文化创意产品开发设计过程中资金短缺的问题，以推动产品设计工作有效持续开展。

（2）重视政策引导，完善相关法律法规

众所周知，良好的经济政策能够有效促进文化创意产品不断发展，基于此，博物馆在运行发展过程中想要推动文化创意产品稳步向前，需要制定完善的发展策略。在此过程中，首先，相关政府部门结合当前市场情况，以及博物馆文化创意产品的发展情况，完善相关法律法规，为文化创意产品的设计开发以及市场发展提供保障。其次，博物馆在运行发展过程中应该重视文化创意产品的设计开发工作，针对产品开发设计工作可以建立完善的考核机制，激发设计人员的工作积极性，为文化创意产品的开发设计工作提供良好的工作氛围。

（3）创新产品设计形式

针对产品而言，它是由一定结构与物质材料相互组成的，具有一定功能性的实体，是通过人开创造物，结合当前我国产品的主要生产方式来看，主要分为工业设计与手工设计两种，工业设计又涉及众多内容。博物馆想在当前产品类型众多的经济市场占有一席之地，需要充分考虑消费者的购物体验，以消费者为主体，在生活美学的视域下，对博物馆文化创意产品进行开发，促使博物馆文化创意产品能够走入人民群众的生活当中。当前有关我国博物馆文化创意产品类型众多，涉及创意生活类、体验类以及馆藏复制品等类型，在众多类型中想要对博物馆文化创意产品进行创新，可以采用人人参与的方式，使博物馆文化创意产品不再拘泥于一种固定模式，帮助人们通过消费文化创意产品来自我实现。例如，博物馆可以采用文化体验型的文化创意产品方式，使人们都能够亲身体验产品的创意设计工作，并且能够将自身设计转换为实际文化创意产品，提高人们对于文化创意产品的热情，为推动博物馆文化创意产品不断发展打下基础。

（4）加强人才建设

结合当前我国博物馆开展文化创意产品设计工作的实际情况来看，普遍存在缺乏人才的情况，这导致博物馆文化产品的创新设计工作受到严重的制约。基于此，博物馆应该积极引进专业人才，建立完善人才引进机制；与此同时，还要注重对自身文化创意产品设计队伍开展定期培训工作，提高设计人员的创新能力与专业水平。博物馆还可以充分利用自身资源，跨领域、跨部门对文化创意产品进行开发设计工作，为开发设计工作注入源源不断的活力，促使文化创意产品能够创新发展。

综上所述，在我国旅游文化业高速发展的今天，相关设计人员在开展博物馆文化创意产品的设计工作时，需要不断引进新理念，对产品设计不断创新，以便能够使博物馆文化创意产品在当前形势越发严峻的经济市场长久发展，充分发挥博物馆的公共教育职能，使人民群众能够充分领略我国文化的魅力。

（五）遗址类博物馆文化创意产品开发设计

随着社会的不断发展，人民对文化的要求越来越高。我国作为一个历史悠久的大国，拥有非常多的保存历史遗迹的博物馆。遗址类博物馆是在大遗址保护中一种常见的类型，大遗址保护园区中一般均设有展示宣传遗址出土文物及文化内涵的博物馆，如河南三门峡的虢国博物馆和西安秦始皇兵马俑博物馆等。

1. 开发设计的意义

遗址类博物馆是对文化的一种保存，随着时代的发展变化和社会教育发展的需要，博物馆从原来的主要陈列藏品的宝物库变成现在对公众开放的观赏学习型博物馆。博物馆的研究功能和藏品展示作为博物馆的主要功能，本身带有很强的历史性。我国是一个历史悠久的国家，博物馆对历史长河中的一些文化可以加以保存和传递，特别是遗址类博物馆，一般都建立在遗址的旁边，人们站在博物馆的门口，就有一种穿越时空回到那个年代的感觉。博物馆文化创意产品是蕴含丰富博物馆精神内容积淀的文化商品，是博物馆利用自身资源，通过开发和营销进行的一个推广博物馆文化、增加自身收入的重要载体，是实现文化事业与文化产业融通，社会效益与经济效益双赢的关键一环。

第一，有利于推广博物馆文化。我国拥有很多著名的博物馆，但是要认知某一类博物馆的特点是什么，要怎么记住这个博物馆，就需要博物馆建立一个标签，也就是要树立一个品牌。比如，西安秦始皇兵马俑博物馆的兵马俑，人们一提起兵马俑就能想到西安秦始皇兵马俑博物馆，这就是品牌的力量。博物馆文化创意产品能够将博物馆的文化特色融入文化创意产品之中，增强游客对博物馆文化的感知，让游客对博物馆的文化有更深入地认识。而且还可以将所有的文化创意产品作为一种标签保留在博物馆内，见证博物馆与不同时代的碰撞。

第二，有利于增加博物馆自身收入，实现经济效益与社会效益双赢。博物馆是一个非营利性的机构，资金主要依靠政府扶持和社会支持，博物馆内的日常开支、文物维护、保护设施维修、展览规划的费用不足等都限制了博物馆的发展。收费型博物馆的压力相对较小，免费开放的博物馆的压力就比较大。博物馆文化创意产品的经营能够帮助博物馆减轻一些经济上的压力，提供一个收入渠道，而且有利于博物馆文化的传播，可以说是经济效益和文化效益的完美统一。

第三，有利于促进文化的传播和发展。博物馆的展览陈设就是一个让广大群众学习吸收优秀文化的过程，博物馆内的很多藏品具有极高的文化研究价值。历史是一个特别厚重的词语，人类没有时光机也没有穿梭时空的能力，想要了解历史的文化，只能通过对历史遗址的观察和研究，这是一个传承优秀文化的过程。博物馆文化创意产品富含博物馆的文化特色和地域文化特色，也是对文化传承的方式。

2. 开发设计的问题

（1）文化符号不够、创意不足，产品同质化现象严重。遗址类博物馆是一个文化意味非常丰富的机构，遗址类博物馆文化创意产品应该富有遗址类博物馆的特色或者地域特色，需要带有很强的特点，与其他的遗址类博物馆有本质的区别，有独特的文化符号。遗址类博物馆文化创意产品不只是商品还是文化品牌，21 世纪是一个重视个性的时代，特别是现在成为主要消费者的 90、00 后，张扬个性几乎成为他们的标签，所以他们更喜欢那些带有个性特点和文化创意的小品牌，这就需要遗址类博物馆对于馆内藏品遗址类博物馆文化深度剖析，挖掘文化特色，精心设计。博物馆文化创意产品除了要体现遗址类博物馆的特色，还要注意对遗址类博物馆文化的继承，要带时代特点，若干年后遗址类博物馆文化创意产品或许就是另外一种对遗址类博物馆历史的纪念。要最大限度地挖掘文化价值，避免出现同质化现象，导致文化创意产品的价值降低。

（2）市场定位模糊、实用性低。遗址类博物馆文化创意产品是针对市场进行的文化产品开发，需要一个清晰的市场定位，要遵循市场发展规律，如果可以最好做一个市场调查。商品是需要受众的，需要能够把握住消费者的心理。所以在文化创意产品设计研发的过程中要做好市场调查，进行一个明确的市场定位，了解市场所需，对于消费能力低的游客，有专门的销售渠道，消费能力高的游客也有专门的展览区。价格的定位也要注意把握，有针对性地面向消费群体，如喜欢买纪念品的游客和爱好小清新制作的文艺青年，等等；文化创意产品的另外一个方面就是产品的实用性较低，并不能够激发消费者进行消费的欲望。遗址类博物馆也属于旅游景区，我国旅游景区有一个较普遍的问题就是景区内所有商品的价格都偏高，而且基本上没有什么实用价值。这给游客们留下一个特别不好的印象，所以在遗址类博物馆文化创意产品的设计方面可以着重加强文化创意产品的实用性，赢得消费者的偏爱。

（3）文化功能、知识产权。遗址类博物馆文化创意产品同质化严重的一个重要原因就是没有注重对文化创意产品的知识产权保护。目前，建立文化创意产品知识产权保护的遗址类博物馆少之又少，遗址类博物馆文化创意产品之间争商标权、专利权的案件屡见不鲜。精神经济时代下，遗址类博物馆自身必须承担起管理自主知识产权的责任，聘请法律顾问、将知识产权的管理职能外包出去或者设立专门的知识产权管理部门。文化侵权现象时有发生，这不仅仅使遗址类博物馆文化创意产品同质化情况加重，更严重的是这背后对文化创新的抛弃，习惯性抄袭使他们丧失了自主创新的能力，这是一个特别可悲的事实。对遗址类博物馆来说，在打击侵权盗版的同时，文化创意产品开发的脚步也决不能停，提升作品品质，增加他人侵权的成本费用，是防止他人侵权的一个有效途径。

（4）经营管理不足，缺乏社会影响力。产品的销售除了市场之外还需要考虑经营管理，也就是宣传、营销、售卖和售后服务。目前的经营管理上面存在着文化创意产品展列位置不佳；文化创意产品宣传力度不到位、宣传方式单一；馆内文化创意产品卖场的陈列布局呆板，展柜设计无创意，商品摆放杂乱无章，无法刺激观众停留购买的欲望；服务态度冷漠等问题。遗址类博物馆是一个文化底蕴丰厚的机构，售卖遗址类博物馆文化创意产品是文化效益与经济效益的结合，所以在宣传的过程中要注意不要打扰遗址类博物馆的正常开发，可以选择富有遗址类博物馆特色的方式进行宣传，也可以利用互联网产品进行营销宣传，范围更广，受众面积更大；售卖和售后阶段一定要注意服务态度，要强化工作人员的服务意识，全程做到真诚微笑服务。

3. 开发设计的策略

从全国范围来看，故宫等博物馆文创产品的火爆只是"个别现象"，大部分国内博物馆的文创产品还停留在钥匙扣、书签、抱枕等纪念品销售的初级阶段，并且同质化严重。文创产品的设计核心是创意，缺乏创意的设计是无法吸引消费者的；文创产品的基础是文化，只将馆藏文物中的文化元素贴在钥匙扣、书签、抱枕等载体上是无法准确传达文化内涵的。一件好的博物馆文创产品究竟是怎样的？有专家认为：未来博物馆将成为公共创意的中心，而博物馆文创产业将会是一种针对博物馆的人文体验，通过好的博物馆文创产品可以将博物馆的记忆长久贮存。可以说，我国的博物馆文创行业还处在初级阶段，但是也意味着其前景十分广阔。作者认为，针对遗址类博物馆文创产品的设计可以从以下几个方面着手。

（1）优化产品设计

博物馆文化创意产品的开发最重要的环节就是设计。良好的设计不仅能为商品带来美观的外形，更能将博物馆的文化与商品融为一体。优化博物馆产品的设计的第一个重点在于创新，这就需要博物馆加强对设计人才的培养和保护，专业的设计人才能够做出精美、富有创意的设计。现在是注重文化竞争的时代，人才是第一生产力。文化创意产品的创新主要依靠的是人才的力量。

目前，博物馆文化产品开发设计面临的一个最尴尬的问题是博物馆内熟悉文物的工作人员并不精通设计，甚至不知道要如何进行设计，博物馆内缺少专门的产品设计师。但是如果将产品设计的任务交给专门的负责团队，又需要支付一笔相当高昂的设计费用。所以，需要博物馆注重对文化创意产品设计人员的培养，加大奖励力度和待遇，吸引设计人员来博物馆任职；还可以充分利用各高等院校、职业学校的各类设计、艺术、美术生创意智慧，每年开展全市范围内的文创征集比赛，发现优秀文创设计人才，提升文创设计开发水平，不断创新创意文化产品设计。

文化创意产品的纪念价值和使用价值。博物馆文化创意产品的宣传词是"把博物馆带回家"，这就意味着文化创意产品富有极强的纪念价值，它有丰富的文化内涵，与博物馆的文化紧密相连。但是在产品设计的时候有很多博物馆的设计只是简单地将博物馆建筑或馆内陈列藏品简单缩印就作为文化创意产品，在消费者看来这只是一种敷衍，未能对文化符号的内涵及运用进行有效延伸，造成元素资源的浪费。更有个别博物馆对自身馆藏价值缺乏深入研究，只是一味模仿，缺少让人眼前一亮的特色。另外，目前博物馆文化创意产品的实用性低，一般是一些明信片、书签、打火机、扇子之类的，不被广大消费者所喜爱。除了挖掘有文化含金量的资源，更要注重对能和人的现实生活发生关系的文化资源的挖掘。要将文化创意产品融入生活，在注重文化内涵的同时强调实用性、趣味性，让原本遥不可及之物变得可感可用，让传统文化变得鲜活生动。文化创意产品的设计需要融入博物馆文化和当地文化，避免出现文化创意产品同质化严重的情况，需要对产品做一个清晰的品牌定位。比如，对消费者要分层进行消费等，针对文艺青年、普通游客、博物馆研究人员、学生、收藏爱好者都有针对性地设计不同的文化创意产品，富有个性特色，满足不同群体的需求，必要的时候还可以提供私人定制服务。

（2）艺术授权，保护知识产权

博物馆艺术授权综合了艺术授权与品牌授权，具体内容包括藏品与主体建筑的数字图像资源、博物馆品牌等，具体方式包括图像授权、品牌授权、出版授权与合作开发。随着社会的不断发展，人们的生活水平不断提高，就更多地开始追求对艺术文化等方面的精神需求。文化竞争压力越来越大，对知识产权的保护也越来越重要。博物馆文化创意产品是一个极富有文化特色的商品，需要加强对知识产权的重视，在不断完善知识产权保护合法权益的基础上激发博物馆艺术授权的顺利进展。艺术授权时代，文化创意产品的开发设计更合法，为文化创意产品的发展扫除了障碍，有利于博物馆文化生产价值的提高，有利于实现博物馆文化传播的重要职能。

（3）依托互联网的营销平台

产品销售的一个重点在于营销，宣传有利于让更多人了解知道产品，有了最基本的了解才会有购买的欲望。产品的营销一直以来都是市场的关键。就博物馆文化创意产品而言，首先需要打开市场，也就是让更多的人知道博物馆内的文化创意产品，了解产品背后的故事，吸引消费者的注意力。营销宣传的渠道有很多，但是效果不同，现在是智能互联网时代，网民规模整体保持平稳增长。所以在进行市场营销宣传的过程中可以依托互联网平台，充分利用互联网宣传具有受众面积广、宣传范围大等特点进行宣传。而且利用互联网进行宣传，还可以将产品的设计和制作过程拍成短片在博物馆内部电视上进行宣传，让消费者进一步了解文化创意产品背后的故事，吸引他们的注意力，激发他们的购买欲。

（4）加强经营管理

从管理体制上说，需要加强和改进管理体制，一个完善的体制能够保证工作的顺利进展，目前无论是产品的设计研发，创新开发还是营销服务都在管理的大体制框架内。文化创意产品是文化价值与经济价值的统一体，博物馆内部对商品的管理方面的经验是比较薄弱的，因为博物馆一直以来都是一个非营利性机构，缺少对商业化产品的管理经验，需要对此进行加强；从经营方面来说，主要是产品的营销手段和售后服务，在网络极为发达的今天，营销渠道多种多样，无论是广播、电视还是报纸、网页都有它特别的营销之处，依托互联网平台进行营销是一个方便快捷又富有成效的营销方式。营销管理还可以通过建立会员制的大数据分析法来分层推广，针对不同的群体制订不同的营销方案：文艺青年们更偏爱产品的文化底蕴、普通游客可能更在乎产品的纪念意义、年龄偏大的游客更在乎产品的实用价值、孩童们更在乎产品的趣味性等，可以根据市场调查对每一个群体进行研究，有针对性地进行产品设计，进行宣传。而且宣传的时候也要注意针对有效受众群体，达到一个高质量的宣传效果。售后服务更多的是对服务态度的强调，博物馆是一个文化底蕴丰厚的机构，面向社会上的所有人开放，但不是所有人都有足够的资金去购买自己喜欢的产品，这就需要服务人员在销售和售后的服务中一定要注意态度问题，要平等、微笑、热情地对待每一位顾客。

综上所述，当代博物馆文化创意产品的发展仍处于一个成长状态，在很多方面存在不足，需要进一步完善调整。新时期博物馆文创产品的开发和创新有利于博物馆文化的传播，有利于知识产权的保护，有利于文化创新发展，还有利于博物馆文创产业的发展，所以应对文创产品的设计、营销予以高度重视。现在是文化竞争的时代，对博物馆文化创意产品的开发创新，不仅有利于实现博物馆经济效益和文化效益的统一，还有利于增强文化自信，弘扬中华优秀传统文化，继承发展优秀文化，推动社会经济文化协调。

（六）主题博物馆文化创意产品开发设计

除了众多带有地域特点的博物馆外，还有一类博物馆——主题博物馆。无论是古代的敦煌还是近代的，任何一种艺术类型或具有收藏价值的物品一般都会有相应的博物馆，如昆曲的文化博物馆、剪纸博物馆、汽车博物馆等，而且类型还在不断增加。同样，众多的主题博物馆也纷纷推出了自己馆藏物品的衍生文创产品。

如图 5-3-27 所示，苏州御窑金砖博物馆算得上是一家网红博物馆。金砖又称御窑金砖，古时是专供宫殿等重要建筑使用的一种高质量的铺地方砖。因其质地坚细，敲之若金属般铿然有声，故名金砖。

苏州相城区陆慕自明初永乐帝时至清末的五百多年间，一直都是御用金砖的主要烧造采办地。在博物馆院落内散布着几座老窑遗址，从全国范围来讲，古窑的发现数量也是比较多的，但能够称得上是御窑的古窑还是非常罕见的。

图 5-3-27　苏州御窑金砖博物馆

在博物馆的展示大厅中还原了紫禁城的太和殿、保和殿、中和殿等皇家宫殿的金砖铺设过程。最后，参观的观众可以在博物馆交流中心付费体验金砖制作的流程，在交流中心还售卖文创产品，除了常见的鼠标垫、手机壳、纪念笔记本、小吊坠等产品外，基本上都是和金砖有关的产品，比如花瓶、收纳器皿、砖雕摆件等。

主题博物馆推出的衍生文创产品基本上都和自身的主题紧密相关。如位于浙江省东阳市的中国木雕博物馆，它的衍生品以木艺制品居多；潍坊世界风筝博物馆的特色文创产品为游客准备风筝的扎制材料和工具，让游客亲身体验扎制风筝的过程并亲手放飞；而在苏州状元博物馆祈求金榜题名大概是游客最想做的事了，游客可以将"金榜题名"的愿望写在木牌上，然后将其悬挂在馆内专门为游客准备的木架上，沾沾状元们的"运气"。如图 5-3-28 和图 5-3-29 所示。主题博物馆的文创产品只有和自身的主题紧密相关才能打动消费者。

图 5-3-28　苏州状元博物馆

图 5-3-29　文创产品"金榜题名"及悬挂木架

（七）应用互联网思维推广博物馆文创产品的文化

1. 互联网思维概述

互联网思维，是指在互联网（移动互联网）、大数据、云计算等科技不断发展的背景下，对用户、员工、产品、市场和组织乃至整个价值链和生态系统重新审视的思维方式。本书借助互联网思维的用户思维、大数据思维、平台思维以及跨界思维对博物馆的文创工作进行深度改良，以达到优化产品和运营模式的目的。

用户思维。一切产品和服务均以用户的思维和使用习惯进行设计开发，是用户思维的核心。通过与用户的大量接触，全方位获取用户使用习惯和反馈，站在用户的角度去考量产品，注重用户体验，在此基础上用更加人性化的方式实现产品畅销。

大数据思维。大数据思维有三个维度——定量思维、相关思维和实验思维。第一，定量思维，即提供更多描述性的信息；第二，相关思维，一切皆可连，消费者行为的不同数据都有内在联系；第三，实验思维，一切皆可试，大数据所带来的信息可以帮助制定相应策略。

平台思维。平台思维的核心是通过汇集各类元素构建生态圈，以线连接成面，以开放的心态，以共赢的方式，发挥各方所长，实现优势资源的聚合，从而发挥巨大的能量。

跨界思维。随着互联网商业活动不断对人们生活的影响，产业的边界不再完全明确，很多行业应用"互联网＋"的概念，实现了传统业务的优化，变得更加蓬勃发展。跨界思维应运而生，它是一种突破了传统观念和模式，以其他行业的规则和理念，通过创新，对传统行业实现变革的思维方式。

2. 互联网思维在博物馆文创产品设计中的应用

互联网思维已经在各行各业应用，如应用在交通领域，出现滴滴打车，方便人们出行；在支付领域，出现了二维码付款，省去携带现金的麻烦等。传统行业通过互联网思维的优化，实现了新元素、新技术在文化创意产品设计中的应用业务的提升，便利大众的同时，实现了自身的发展。

（1）用户思维改变管理者传统观念

互联网思维在博物馆文创中的应用，首先是改变博物馆人的思想观念，不是静待游客，而是通过不断地自我优化，以游客体验为中心，进行全面的业务梳理，从原本的坚持以物为本，转变为以人为本的理念，所有开发的文化创意产品要以实用性和趣味性为前提，结合藏品的文化元素，以游客喜闻乐见的形式进行工艺化设计开发，以接地气的形式进行展现营销，主动融入游客中，让游客有互动感、参与感以及深入的体验感，这才有可能做出与游客需求相符合的文化创意产品。

（2）大数据思维帮助文创工作者掌握游客消费动态

博物馆文创的大数据分为两类：一类是线上数据；另一类是线下数据。线上数据通过编程开发，可以获得极度精细的数据信息，每条信息都有数据跟踪，这样的数据便于文创人员知晓产品的消费动态，及时进行产品的更新。线下数据收集相对线上麻烦，可以通过采用扫描二维码等硬件设备进行库存盘点，通过一定周期的销量，进行数据分析，依旧能够知晓当前阶段具体文化创意产品的销量，根据数据同步进行产品调整，实现库存的灵活处理，销量好的及时补货，销量差的采取营销活动打折处理，可以最大限度地减少囤货现象。

（3）平台思维保障博物馆文创专人做专事

平台化的思维在文创工作的应用就是以博物馆为平台核心，通过合作或授权模式实现各自优势资源的发挥，让专业的设计公司做设计、电商公司做线上运营，让生产商制作质量过硬的产品，通过优势互补，专业人员做专业事，博物馆的文创人员做好相应工作的监督和审议工作，同时这是一个高难度的工作，需要博物馆的文创员工具备良好的平台思维、审美、市场判断的综合能力。

（4）跨界思维让博物馆文创工作做大做强

IP是一种宝贵的资源，而博物馆作为征集、收藏、陈列和研究代表人类文化遗产实物的场所，有着得天独厚的优势——任何一个有特点的藏品、人物、品牌形象均有极高的历史文化意义和IP价值。通过强强联合的方式，将品牌双方的固有粉丝进行融合，实现品牌影响力的互相渗透，实现产品销售最大化。

博物馆跨界是博物馆扩大影响力和做大做强的必由之路，要在原产品的基础上实现做工创新和彼此文化的融合，这样才能最大限度地体现跨界的展示效果，跨界时需要结合彼此情况，制定长期、共赢的合作条款，跨界不是一次单纯的产品售卖，而是以此为契机，建立长效的合作机制，共同长期地实现品牌共生。

互联网思维随着5G技术的普及可能会有一定的变动，但其开放、平等、协作、分享的精神不会发生变化，唯有深刻理解和应用互联网思维才能够在博物馆文化创意产品遍地开花的当下，开发出有特色、有温度、有故事的产品以及走出符合自己馆情的运营之路。

第四节　文创产品设计经典案例赏析

一、南京非遗品牌文创产品设计

非物质文化遗产主题文创产品系列开发包括四个方面：一是保护传承，包括抢救式保护和生产性保护；二是对日用品与实用品的创意创新；三是商业开发，包括特色项目品牌化和研发产品系列化；四是地域振兴，包括地域资源集聚化和经营方式市场化。

在民众参与方面，通过调查南京当地传统工艺技术制造出的传统材料，制定一村一品（造乡）运动、造街运动、社区营造、地域振兴策略。在教育传承方面，与特色旅游产业衔接，以地方特色，满足当代人需求，并对中小学生加大传统文化教育力度，推行非物质文化遗产学科建设。以下将介绍南京三个非遗品牌文创产品设计案例，探讨与理解如何对非物质文化遗产进行保护与传承。

（一）"剪呢"品牌系列文创产品

剪纸，又称剪花、窗花、刻纸。南京剪纸，是人类非物质文化遗产项目，是我国剪纸文化的重要组成部分。得益于特殊地理位置与人文环境，南京剪纸形成了"花中有花、题中有题、粗中有细、拙中见灵"的独特风格，凸显了南京剪纸蕴含的历史、人文、艺术、审美、民俗等价值。中国工业设计十佳设计公司首席设计官杜俊携手非物质文化遗产传承人张方林大师，以活态传承，创新发展剪纸艺术为核心思想，在现代性主题下对剪纸进行创意设计，将纸作为品读创意文化的载体，融于现代人的生活与消费领域。"剪呢"品牌以方寸之间，气象万千为内涵，以小型剪纸为特色，在表达剪纸方寸之间镂刻世间万千风物的艺术特征的同时，缩小当代人与非遗文化的距离。

（二）"锦织道"品牌系列文创产品

南京云锦是四大云锦之首，联合国人类非物质文化遗产，被誉为"东方瑰宝，中华一绝"。在元、明、清三朝，均被指定为皇室御用用品，是黄袍冠带、嫔妃衣饰的主要用料，也是皇室馈赠、赏赐的高贵礼品。"锦织道"系列文创产品，充分运用云锦独特的库缎、库锦、库金、妆花织法、华贵的配色以及精美绝伦的图案纹样，进行产品再设计，将产品延伸至时尚陶瓷、纺织服装、家居用品、创意生活等诸多方面。辅助非遗产品融于现代商业模式，适应和满足现代人消费观、审美观及生活习惯的变化（图 5-4-1）。

图 5-4-1　"锦织道"纺织服饰系列——真丝围巾和旅游箱包弹力套

（三）"字传"品牌系列文创产品

　　金陵刻经印刷技艺于 2009 年，被联合国教科文组织列入《人类非物质文化遗产代表作名录》，该技艺是古代"雕版印刷术"工艺的传承。经书一般用棠梨木刻版，然后用水墨印刷。其装订过程颇为讲究，有抽页、对折、齐栏、上纸捻、贴封面、切边、打眼、线装、贴签条等多道工序。"字传"始终将传承中国雕版（金陵版）印刷技艺，传颂中国汉字文化，传播佛文化当代价值为品牌理念，并为传递南京地域文化，促进非物质文化遗址走进现代生活做出努力（图 5-4-2）。

图 5-4-2　"字传"品牌系列文创产品

二、旺旺文创食品设计

（一）旺旺品牌调研总结

提到旺旺食品，是大多数"90后"儿时的回忆，对于"90后"一代来说，忘不了"雪饼"和"仙贝"等送礼"明星"产品。通过调查了解到，"70后""80后""90后"甚至"00后"，在经过旺旺广告的刷屏式营销后，几乎达到无人不识"旺"，当然这也离不开旺旺本身对产品质量的严格把控。总的来说，旺旺产品在近几年的生产和营销中不断让品牌年轻化，迎合消费趋势，开发新品类，迎合年轻人口味。在互联网营销方面，旺旺"情怀"广告、"鬼畜"广告等层出不穷，其中"旺仔搞大了"系列更是吊足了年轻人胃口，勾起了一代人的回忆（图5-4-3）。

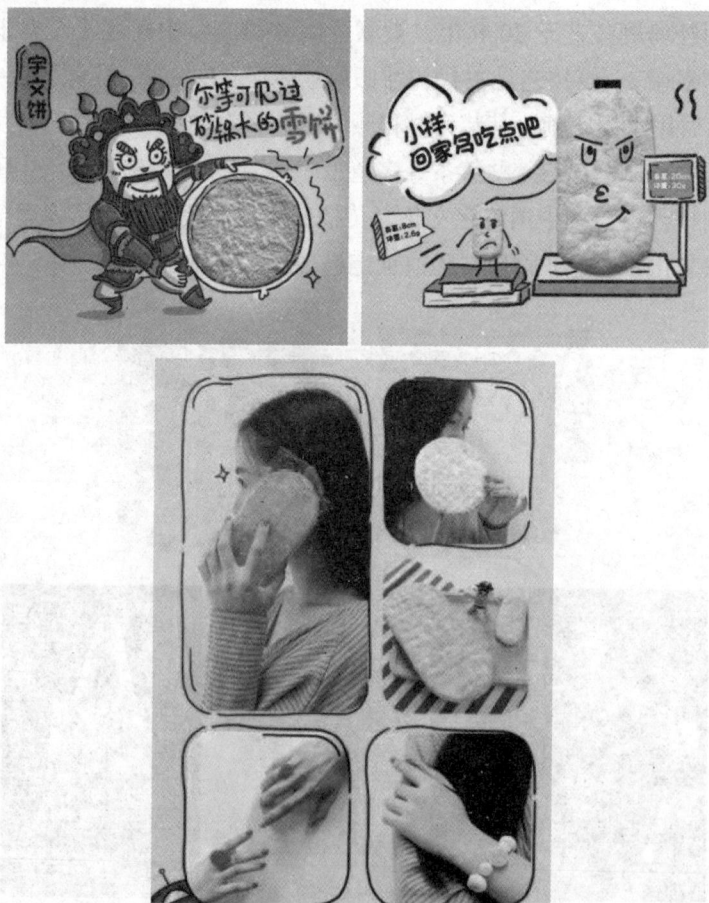

图 5-4-3 "旺仔搞大了"系列文创食品

（二）旺旺文创食品开发

通过对旺旺品牌有初步的了解后，对旺旺品牌方案设想进行了思维发散。第一轮头脑风暴侧重于对旺旺品牌调性、关联文化、相关产品等的深入了解；第二轮头脑风暴侧重于对方案的设想，主要从品牌、文化、生活方式等维度进行思考创新。

1. 基于品牌创新方案

（1）枸杞嗨啤饮品——黑皮品牌"潮化"

多品牌策略是旺旺集团零食品牌的核心策略，针对消费者需求差异性，强化多品牌经营，如黑皮、哎哟、贝比玛玛、那多利、辣人等，每个品牌都有针对性的目标客户群及产品诉求重点。啤酒里煮枸杞是年轻人一种快乐的生活方式，"黑皮"与"嗨啤"谐音，"枸杞嗨啤"将黑皮品牌"潮化"，代表乐观、积极、向上的生活态度。"枸杞嗨啤"将黑皮的形象年轻化，张开的双手是黑皮的文化精神内涵所在，寓意快乐的制造者，自信的主张，海纳百川的胸襟，热情的态度，勇于接受挑战的魄力。

（2）甜酒嗨皮饮品

"甜酒嗨皮"为系列产品，洞察年轻女性对低度酒的需求，满足女权时代的女性消费群体。

2. 基于文化创新方案

（1）"冰糖福禄"糖葫芦——讲述中国年的故事

在中国传统文化中，"葫芦"谐音"福禄"，寓意健康、长寿、平安、吉祥。"冰糖福禄"糖葫芦通过绘制传统中国年中除尘、守岁等场景，讲述中国年的故事，营造节庆民俗氛围，传达吉祥安康的寓意。

（2）"孙子饼法"雪饼——吃在嘴巴里的智慧

在诺曼的《情感化设计》一书中提到，美感、乐趣和愉悦共同作用能给人带来正面的情绪，产生快乐的感觉。这种感觉可以帮助我们解压，激发我们的求知欲和学习能力。孙子兵法是中国古典军事文化遗产中的璀璨瑰宝，代表古人的谋略和智慧；旺旺是零食界的国民品牌，旺仔是旺旺食品最具代表性的形象。"孙子饼法"用谐音的方式将旺仔和孙子兵法关联起来，通过萌趣的方式讲述孙子兵法的十三篇谋略，以寓教于乐的方式拉近与消费者距离。

孙子兵法有兵法13篇，"孙子饼法"产品插图根据13篇内容进行场景绘制，通过讲故事的方式演绎"吃在嘴巴里的智慧"。

系列衍生根据生活场景拟定产品品类，设计的品类有抱枕、立牌、拼图、胶带等较为常见和常用的文创商品。

（3）"咬文嚼字"煎饼——汉字文化再演绎

生活在互联网时代的人，习惯了手机、电脑、拼音输入，"提笔忘字"是"手癌症"患者的常态。合体字是汉字造字文化的一种，"咬文嚼字"将合体字重新演绎应用在煎饼包装，让消费者在吃掉它的同时消化汉字文化。

3. 基于生活方式创新方案

（1）"咚咚冻"减压果冻饮料

"生活压力大""996 工作制度"成了当代年轻人的生活常态，越来越多的人去寻求释放生活压力的方式。"咚咚冻"果冻，通过包装的表面颗粒吸引"强迫症"青年挤压的冲动，从而达到情感宣泄的目的。

（2）礼包及"抓娃娃"

大礼包的设置给予消费者更多的惊喜，抓娃娃机互动装置设计让消费者"乐在其中"（图 5-4-4）。

图 5-4-4　礼包及抓娃娃机互动装置

三、青铜器文创产品设计

（一）青铜器的历史文化底蕴

青铜是人类历史上一项伟大发明。它是红铜和锡、铅的合金，也是金属冶铸史上最早的合金。青铜发明后，立刻盛行起来。从此人类历史也就进入新的阶段——青铜时代。中国使用铜的历史年代久远，大约在六七千年以前，我们的祖先就发现并开始使用铜。1973 年，陕西临潼姜寨遗址曾出土一件半圆形残铜片，经鉴定为黄铜。1975 年，甘肃东乡林家马家窑文化遗址（约公元前 3000 年左右）出土一件青铜刀。这是目前在中国发现的最早的青铜器，是中国进入青铜时代的证明。

我国掌握冶铜术，打造各种纹饰精美、造型精致的青铜器已有三千多年历史。在商周时期，青铜器的冶铸技术高速发展，取得了举世瞩目的辉煌成就。随着时间的推移，青铜器造型和纹饰成为古人制作技术成熟和智慧增长的重要标志。时至今日，部分青铜器依然是精品大作，是我们的文化瑰宝。

青铜器带着历史的沧桑和古人的智慧重回人们的视野。其艺术魅力吸引着当代设计师对其进行研究与应用。青铜器的艺术形象如造型、纹样及其制作工艺等对现代设计有着重要的启迪。青铜器纹样主要包括几何纹样、动物纹样、自然元素纹样等。其来源皆是提取对象的艺术元素。原始艺术是从写实与抽象两个方向向前拓展和演进的。早期纹饰是准具象、半写实的，这是由于受到传达能力与传达媒介限制。当人们逐步掌握传达媒介并提高了表现能力以后，写实风格便得到了发展。

青铜器造型简约大方，彰显了古人对自然的认识和提炼。青铜器的造型多种多样，从大小型礼器到生活用品，皆体现了古代工匠的美学追求。在朝代更替和历史演变中，其自身形象得到不断修缮。例如，西周早期的青铜容器，无论是器型还是纹饰都继承了殷墟时期的传统，兽面纹装饰也是如此。不过，西周时期的兽面纹还有其自身的特点，它既有趋向朴实无华的一面，也有追求缛丽纤巧的一面；既有趋向简化的一面，又有力求创新的一面。而青铜器文创产品则是以青铜器艺术形象和文化内涵为基础，依据设计师的创造力和专业技能开发产品，实现经济效益和市场价值，同时使传统文化在当今历代得到传承和弘扬。

（二）青铜器文创产品"两元"设计方略

随着社会、经济的发展，文创产业开始崭露头角。很多国家和地区都在推动文化产业发展，与文创设计产业密切相关的是文创产品。文创产品蕴含巨大的潜在经济价值，涉及旅游业、制造业、农业甚至体育产业，范围广泛，在文化创意产业发展中具有重要地位。近年来，我国逐步加快了建设文化强国的步伐，文创产业得以持续发展。青铜器是文创产品的重要创意来源之一，是悠久历史文化的缩影，是人们了解传统文化的重要媒介，也是文化传播的重要途径。通过文化创意产品赋予青铜器这一历史的见证者时代的新生命，从而使其再次进入人民的生活。青铜器的文化艺术融于当代产品，可以让人们近距离了解青铜器文化，同时也能增加产品的竞争力。目前，文创产品设计缺少对青铜器的系统性分析，以及应用于不同领域的系统化设计方法。在如何提炼元素、探索设计方法、探索设计环节的内在关联性和制约等方面有所欠缺。缺乏可持续性开发文创产品的设计依据。因此，亟须系统地探索青铜器文创产品的设计方法，这些方法能够助力青铜器文创产品推进设计产业化和文化强国进程。

为探索青铜器文化应用于当代产品中的设计方法，现代设计师基于系统设计原理，在设计实践和文献研究的基础上对文创产品设计进行分层研究，再通过分析设计"目标"和"来源"的转化因子、"文创产品"和"目标"的制约关系、"文创产品"和"来源"的呼应形式，总结出文创产品创新设计方法，提出"两元"设计方略，使设计者能够把控设计的方向和各种制约条件，推动设计的产业化进程。

青铜器文创产品的"两元"设计方略是以系统设计思维为指导，经设计实践与研究总结得出。系统设计是德国乌尔姆设计学院在 20 世纪中期提出的一种工业设计方法，在当代设计流程中仍在使用，并在实践中不断发展和完善，指导着设计者全面考虑问题。设计对象不是单一产品，而是一个完整的产品系统。设计师必须纵观全局，用核心设计理念贯穿整个产品系统，为消费者提供完整的生活体验。

基于系统设计思维提出的"两元"设计方略（图 5-4-5）指的是，设计一方面要考虑设计实现与流转等现实要素（包括生产、制造、分配、使用、回收等）；另一方面要考虑设计来源与最终目标实现之间的相互关系与推进方式等意向要素（包括设计创意源、流程、方法、体系、模式等）。"两元"设计方略丰富了青铜器文创产品的设计内涵，分层级研究设计环节之间的相互作用和制约的关系，分析如何协调"文创产品""设计目标""来源"三者之间的作用关系，整合成理论方法用以指导青铜器的文创设计。"两元"设计方略指出青铜器文创设计要多角度、多方位、多层级分析设计，设计环节和要素环环相扣，设计与产品实现紧密相连。

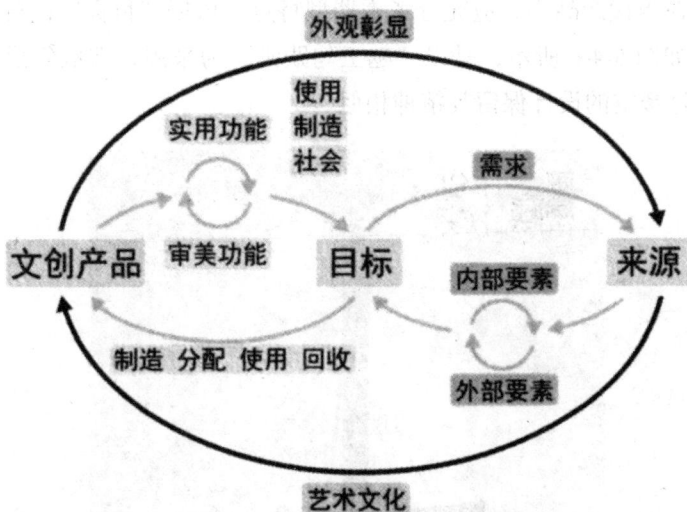

图 5-4-5　"两元"设计方略图

（三）设计"目标"和"来源"的转化分析

青铜器文创产品设计有其文化"来源"——青铜器。青铜器文化的应用对象即设计的"目标"。"目标"和"来源"的转化需要依托设计师的创造力和专业技能来实现。"目标"对青铜器文化艺术的需求是其导向"来源"，从"来源"中升华出能够满足"目标"需求的元素。如设计含有青铜器文化气息的 U 盘和手机壳，以此为"目标"就要寻求能体现青铜器文化的"来源"。"来源"选择呈多样化。方案选取了编钟为"来源"，并从中提炼出"目标"所需的元素。此过程主要包括对所选取的青铜器进行特点分析、特征选取、形式和意境抽象处理，使其符合设计"目标"的概念需求。升华转化过程要充分考虑构成设计"目标"的本体要素和影响设计"目标"的外源要素。

（1）转化过程中的本体要素

内部要素构成其本身，它们是产品的外在表现形式。形式包括产品的造型、色彩、图案、材质、肌理等。形式美是一个产品必备的美学特征，其不应局限于给人们带来短暂的美的享受，而应具有可延续性和可持续性。青铜器文创产品设计更是如此，青铜器器型、纹样、材料、工艺等转化要符合"目标"需求并展现美学特征。

青铜器的种类繁多，其造型以礼器和日用铜器居多。古人制作功能型铜器，比如日用酒器等，对人的考虑缺乏深度，对用户的研究也不够透彻。因此青铜器的器型应用在当代产品中，应充分考虑器型特点，依据"目标"做符合其形象的抽象处理。如图 5-4-6 所示，是以"越王勾践剑"为来源，选取剑形用于书签等产品时，通过镂空的设计保留其精神相似。

图 5-4-6　源于越王勾践剑的书签

图 5-4-7　青铜器编钟钥匙挂饰品

　　如图 5-4-7 所示，青铜器挂饰是以编钟为来源，提取其器型特征元素。将其表面细节和烦琐造型进行抽象简化，结合亮丽色彩、喷砂工艺等使其符合导向目标人群的喜好和市场需求。

　　青铜器的纹样，古人多以动植物和自然现象为原型进行特征提炼，并应用于不同的器物。不同品类青铜器的纹样一般不同。而电子产品和日用品对纹样的选择和处理方式亦不同。纹样的拓展应用需借助软件以艺术手法进行，如液化、凸起、晶格化、填色等抽象处理，可应用于眼罩、衣物等印制品。如图 5-4-8 所示，是将纹样轮廓重新填色制成图案；印刷遮阳衣、T 恤、裙子、眼罩等产品。因此，对于青铜器纹样的转化要根据目标产品的类型、主题、设计风格等进行选择，使之符合甚至引领当代审美观念。

图 5-4-8　青铜器纹样转化为服装元素

　　材料和工艺应根据"目标"市场定位合理选择。当代科技进步推动了绿色材料的普及，越来越多的设计师选择材料和工艺时，考虑到了社会责任和担当。"来源"到"目标"的转化在考虑材料和工艺特性的同时，更要建立在现有技术基础之上。如果没有技术支撑，设计也难以实现。

　　（2）转化过程中的外源要素

　　"来源"到"目标"的转化不能只考虑产品本体要素，也要把外源要素纳入设计标准中来。外源要素主要包括：使用者、使用行为过程和状态、环境的可能性和制约、使用条件的可能性、生活方式、消费方式、政治经济法规、时间限制等。外源要素通常不单一出现，而是多种要素综合发生作用。所以外源要素的设计考量比本体要素更为复杂。

　　古人在制作青铜器时，会有目的地规避或彰显某些设计因素。如大型礼器主要为了祭祀，其制作要符合祭祀场景和目的，其外观稳重威严。相反，酒樽等小型器皿因其使用环境、时间、过程、目的皆与大型礼器不同，因而其设计差异显而易见。同等功能的器物古今对比更是悬殊，当代设计以简洁为主流，以便利的用户体验为标准。所以从"来源"到"目标"的转化要充分考量其外部要素。

　　古代青铜器多为官宦贵族专用，属小众群体，普通百姓无法享用。为了满足权贵的虚荣心，大的青铜器件极大，小器件则精美绝伦。现代文创产品是以工业化批量生产为基础，融入青铜器文化是为了增加其艺术价值和产品竞争力，是以设计和文化来提升产品的价值，而并非仅是材料的堆积。

　　用户行为习惯是基于地域文化长期养成的。随着时代发展，人们的生活方式以及对事物的认知均发生了巨大转变。当今人们的心理认知随信息技术的冲击不断更新，人们使用产品的行为习惯已不再是设计师预设的使用行为。在追求安逸或快节奏生活需求下，要使产品更好用，就必须熟知用户使用产品的行为过程，要依据用户的生活和使用习惯进行设计。

　　现代的产品使用环境复杂多样。设计者依据不同的使用环境，在技术支持下对提取的元素进行选择和变形，使转化的方向始终符合使用环境的特征。变形是对一个原型的比例、尺度、材料、语义、布局等方面进行相应的变化以取得新形态。

　　除此之外，人们的消费方式也需纳入设计。因为了解人们的消费方式能够更好地进行针对性设计。因此青铜器文创产品，要基于目标人群的消费方式和使用环境进行设计，以此获得较好的用户体验和反馈。

　　古今政治经济和环境相差悬殊，人类还须依据生态学世界观来重新规划人类生活概念和工作概念，在此思想基础上形成生态设计、智能设计等概念，这也是当代设计师应遵循的设计原则。如来源于越王勾践剑的雨伞和手机壳文创产品的制作就采用更加简洁经济的方式，降低生产制造成本。

　　（3）文创产品和"目标"之间的制约关系

　　文创产品和"目标"的作用关系体现为产品和设计概念之间的相互制约。产品开发设计标准制约着概念设计，设计标准主要为实用功能和审美功能。实用功能涉及使用与制造，审美功能即符合人们的审美习惯。使用方面要求设计易用、易拆装。制造方面要求结构合理、易于生产制造。

　　设计师应充分了解工艺技术和相关材料特性。如手镯、发簪、钥匙环和 U 盘设计时均考虑到生产工艺，选取合适工艺有利于控制成本，提升效益。产品的设计标准制约着设计概念的形成。"目标"初步完成后要转化为产品，需从制造、分配、使用、回收方面进行系统审核，使其符合各项标准。

（4）文创产品和"来源"的呼应形式

青铜器文创产品即以青铜器文化为"来源"进行创新设计。所设计的产品要能体现文化"来源"的形象，而"来源"则为产品提供文化底蕴，两者相互作用、相互制约。设计时应做到相互呼应，保持其关联性。

产品体现文化的方式有直接体现、间接体现、借助体现。直接体现是使用图形符号直抒胸臆，简单明了；间接体现是一种委婉、含蓄、迂回地抒情，即提炼"来源"的意境、情感、精神、印象，它所提炼的是一种实体符号；借助体现是借物、借景抒情，借助"来源"文化特征中的材质、色彩、造型、使用方式等来表达青铜器文化，仍是借助实体符号。编钟系列钥匙包、充电宝为直接体现，还原性较高；如图 5-4-9 所示，越王勾践剑手镯、U 盘则属于间接体现。

图 5-4-9　越王勾践剑手镯、U 盘

四、丝绸文创产品设计

几千年前，丝绸从长安出发，沿着丝绸之路西行，成为东方文化的载体和象征。作为博物馆文物的一个类别，丝绸除了拥有独特的质感肌理外，它的图案构成、色彩配比、丝织工艺以及所传承的文化内涵都是丝绸产品设计的活水之源。

基于此，丝绸文物的内在价值亟待唤醒。

丝绸文物以平面化特征展示文化，因此文创产品设计在元素运用时通常需要转化维度。从 2D 到 2D/3D 是一般设计方法。丝绸的艺术表现形式是时代特点的体现，蕴含了丰富的文化内涵。如楚文化的嫁接与复合共生，自由与适形的构图，对称与韵律的美感，以及其形体与色彩风格。这些无不体现当时人们的审美风格。提取这种艺术表现手法，将现代特有的事物和情景以丝绸文物所用的艺术手法表现出来，应用到丝绸或产品中，即为 3D 到 2D/3D 的设计手法。如大英博物馆与艺术家格雷森·派丽（Grayson Perry）合作设计的博物馆地图丝巾，以文物时代风格对大英博物馆地图进行创意表现。

通过对博物馆丝绸文创产品的调研，从市场与消费者角度出发，按其购买目的可分为三类：（1）作为旅游馈赠的纪念品，多为便于携带的丝绸制品，如丝绸邮票、丝绸饰品、丝绸挂件等。（2）用于礼品收藏的工艺品，一般是馆藏或展览精品的仿制品，如绍兴兰亭开发的真丝材质王羲之行书《兰亭序》。（3）彰显品位格调的日常用品，有丝绸材质的服饰或产品，或是以丝绸纹样为设计元素的文具家居类商品。

而按品类则可以将丝绸文创产品分为文具类、服饰类、家居类、装饰类等。产品设计方式多为复制丝绸藏品，或抽取其中的纹样作为主题元素印制到商品上，如丝巾、手袋、胸花、笔记本、U 盘等。当前国内丝绸文创产品多采用这种方式，设计些易于生产销售、便于携带的小商品。

（一）丝绸文创产品创新设计方法

1. 技术手段创新

丝绸文创产品开发的常规技术手段有手绘、染织、针绣等。随着科学技术与社会经济发展，3D 打印技术逐步向市场扩散。如德国运动品牌阿迪达斯（Adidas）在 2017 年推出了全球首款鞋底采用 3D 打印制成的运动鞋，并计划 2018 年开始批量生产，以应对快速变化的时尚潮流。以紧跟时代发展的创新手段开发文创产品，才能赋予文化产品新的时代特征。

2. 产品载体创新

在丝绸文创产品载体方面分为平面 2D 产品和立体 3D 产品。平面 2D 产品包括纸制品、丝织品等；立体 3D 产品包括日用小产品和工业高端装备。近年来兴起的"互联网＋"模式出现并带动了文创产业的发展。文创产品通过互联网传递给更为广泛的人群。文化不再以实体产品为载体并传播，而是以数据的创新形式浸透到人们生活中。丝绸文物的平面特点恰好可应用其中。例如，故宫博物院康熙皇帝的趣味壁纸出现在手机屏幕上，并成为 APP 的主题元素。文化不再以传统的方式要求人们去感受，而是以符合时代发展的方式主动地走入、渗透于人们的生活中。

3. 营销体验创新

丝绸文创产品的营销体验多在博物馆内的商店中实现，其销售方式为实体感受。在"互联网+"环境下，不同领域迎来了新媒介，创造出其传统行业与互联网新的结合点。人与物、人与人、人与环境间的交互也在新的媒介上实现。近些年来，由故宫博物院设计的文创产品在电商的兴起，使博物馆文创产品有了新的销售途径。传统的销售方式奠定了文创产品的广泛接受度和认可度，但销售方式的同质化造成了人们的审美疲劳，因此追求创新的营销体验方式成为新时代的选择。设计师需要结合时代发展，在传统的基础上利用新的方式改变营销体验，动静结合。例如，VR（虚拟现实技术）以及 AR（增强现实技术）。利用 VR 和 AR 技术可增加并强化产品叙述性特点，以此加强人与产品之间的交互，为人提供参与文化互动的机会与条件。虚拟现实和增强现实技术创造了全新的环境、空间和感知方式，让人在体验的过程中主动探索产品之"意"，获取设计师想要表达的内容。且利用多感官参与以唤起文化记忆，以此强化产品的文化主题，进而提高文创产品的文化辨识度。

（二）丝绸类文创产品设计

丝绸因其轻便且携带时不易受损的特点，很适合做成纪念品类的博物馆衍生产品，如丝巾、丝绸邮票、丝绸饰品、丝绸挂件等。丝绸类平面文创产品的设计流程可概括为：提取元素、解构重组、色彩搭配、赋予内涵、美学变化、系统设计。如龙纹饰为皇族所穿服饰的元素，象征着无上的权力与尊荣。在本身纹饰的基础上加以视觉色彩的搭配，以"色"传"意"，文创产品则被寄予美好的祝愿与希冀。在"形"之呈现方面，以形式美法则为基础，变化与统一、对比与调和、对称与平衡、节奏与韵律、比例与尺寸等方式配合着不同色彩所代表的视觉感受；使丝绸制品适用不同年龄及性别的人群（图 5-4-10）。

图 5-4-10　龙纹饰元素

　　以富贵黄、霓虹彩、青草绿、雾霾蓝、樱桃粉、中国红六种色彩搭配而设计出系列化的布艺产品，如手绢、围巾、U 型枕、抱枕套等。通过元素在美学上的应用变换，组合出富有节奏感、韵律感以及层次感的图案。并搭配不同颜色，以适应不同年龄阶段及不同审美取向的人群（图 5-4-11）。

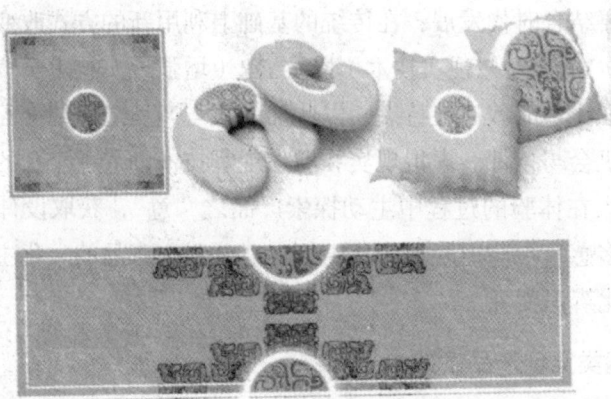

图 5-4-11　布艺产品·富贵黄

（三）丝绸衍生类文创产品设计

　　丝绸文物具备"意""形""材"三大特征，其"意"之彰——中国的礼仪制度、文化艺术、风土民俗深入人心。丝绸类文创产品以二维的形式彰显其三个特征，而非丝绸类的文创产品则以材为主、"形"为辅的三维形式塑造其文化内涵。

　　云蝠纹是寓意吉祥福气的中国传统纹饰之一，常应用于陶瓷、漆器、金玉器、青铜、丝绸等器物。在传统装饰艺术中，人们运用"蝠""福"两字的谐音，将蝙蝠的飞临，理解成"进福"的寓意。大红色缂丝八团彩云蝠寿金龙纹女棉龙袍、红色绸绣金双喜"万"字地五彩云蝠鹤八团龙凤纹女棉袍等（图 5-4-12、图 5-4-13），均以云蝠纹为装饰以彰显主人的富贵与地位，同时也寓意福从天降，幸福美满。

图 5-4-12　大红色缂丝八团彩云蝠寿金龙纹女棉龙袍

图 5-4-13　红色绸绣金双喜"万"字地五彩云蝠鹤八团龙凤纹女棉袍

　　提取丝绸中云蝠纹饰，运用嫁接与复合的共生、自由与适形的构图、对称与韵律美等美学原则，使视觉形象与传统元素相得益彰。同时，将其嫁接到日常使用的器物中，充实现代产品文化内涵。由"形"到"意"，传承的是一个民族从古至今的期冀与祝福。

　　此外，还有其他一系列使用丝绸文化的生活类设计作品（图 5-4-14、图 5-4-15）。通过文创作品生活化，将带有美好寓意的纹饰融入日常生活。

图 5-4-14　文创产品——调味品（设计：马倩雯）

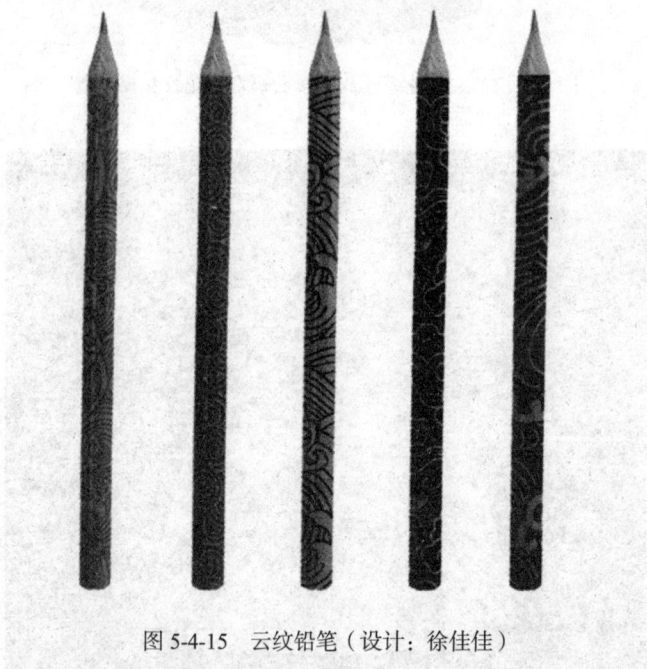

图 5-4-15　云纹铅笔（设计：徐佳佳）

　　除了普通的生活用品之外，丝绸的文化意蕴同样可作为邮轮、游艇类大型装备的灵感来源。柔与刚的呼应，曲与直的对比，动与静的结合，在邮轮、游艇中表现得淋漓尽致。（图 5-4-16）

图 5-4-16　游艇设计 1（设计：毛思晗）

图 5-4-17　邮轮设计 4（设计：谢宁飞）

邮轮造型设计的不同体现在邮轮形体的韵律和动感。将传统丝绸纹样中二维线条的神韵进行立体化展现，即丝绸文创产品设计方法的维度转换——"形"之呈现。邮轮顶层甲板设计左右对称，曲直交错变化，动中有静，静中有动。在体现现代美感的同时，融入了丝绸所特有的形态、韵律的美感。

除了硬件产品设计之外，文化传播的软介质也同样融入了丝绸文化。如裕国菇业的卡通形象，其独特的平面二维造型与色彩表达了吉祥的寓意。此外，还可把漫画形式应用于品牌传播，以不同的表现方式达到品牌文化传播的目的（图5-4-18 至图5-4-19）。

图 5-4-18　香菇企业品牌 IP 吉祥物设计（设计：孙悦）

图 5-4-19　香菇企业品牌 IP 漫画（设计：袁璐）

漫画通篇以独特的视觉效果传递了一个关于香菇的小故事。除了剧情刻画之外，在漫画元素选择中还融入了众多丝绸的文化内涵。应用之一为香儿胸前的丝绸肚兜，以福瑞圆形纹样为图案，传达香儿作为企业吉祥物所传递的吉祥如意的寓意，同时也突出食用香菇有着延年益寿的效果，一图双关。应用之二为漫画中的祥云纹饰、服饰。将丝绸元素融入漫画，不仅形式美观，而且充满东方传统意蕴。以形写意，恰是丝绸文创产品设计最显著的一个特色——意之彰显。

五、研学主题旅游文创产品设计

本案例以宋代苏州的《平江图》为文化主题内容，从中提取文化元素进行原创文化 IP 的打造及衍生文创产品的设计。在文化 IP 的打造过程中，即"组"IP 的过程中，也可以由一个衍生产品为突破点完成整个设计流程。

（一）创造 IP

1. 观文化元素

虽然以体验为目的先要创造 IP，但是前期针对 IP 的组合、打造也是建立在"观"众多的文化元素基础之上的。

自伍子胥建姑苏城始，苏州城的形制记载大多只见于文字。直到南宋绍定二年（1229 年），平江知府李寿朋主持了苏州城大规模的整治修建后，绘制了一幅平江府城的平面图，并将这张城市地图刻制于石碑上，即我们今天在苏州市碑刻博物馆（文庙）内见到的这张《平江图》。图碑高 248cm，宽 146cm，厚 30cm，图上的比例尺南北方向为 1：2500，东西方向为 1：3000。该图刻绘了宋代平江城的平面轮廓和街巷布局，详绘城墙、护城河、平江府、街坊、寺院、亭台楼塔、桥梁等各种建筑。该图是我国现存最大、最完整的古代碑刻城市地图。图中河网交错，是江南水城苏州的一大特色。苏州古典园林驰名中外，如沧浪亭、拙政园、网师园、狮子林等，有些园林在《平江图》上已有反映，如图上称沧浪亭为"韩园"。此外，《平江图》上还绘有非常多的宗教建筑，如报恩寺塔（今北寺塔）、定慧寺塔（今双塔）以及虎丘云岩寺塔等。这些寺观的位置都在城市中的主要街道，占地面积很大，反映了宗教建筑在城市中的重要地位。

我们可以非常容易地从网络搜索中得到上述这些资料，但是想要进一步去了解《平江图》的故事就需要去查看更专业的资料。

例如《苏州街巷文化（修订版）》一书中收集了许多苏州古城街巷的历史文化资料，特别是收了不少见于著录的古建筑，有的甚至与古城同始，其余也大多在千年以上，还有名人故居和许多与民间信仰、礼俗有密切联系的寺庙、祠堂、书院、会所、义庄等古建筑，甚至还有小如井栏圈、界石以及刻有图案、铭文的一砖、一瓦、一木等，这些都可以对《平江图》中文化内容的解读与表达起到辅助作用。

《大明苏州——仇英〈清明上河图〉中的社会风情》一书将《清明上河图》（辛丑本）长卷中有关苏州的特殊风物和市井风情进行呈现与解读。作者以 54 个主题故事、164 张细节图为线索，对其中令人不解和惊讶的场面做了详细的、合乎情理的考核与诠释。对一些由画卷引起的话题，如对万年桥（包括胥门桥）的建毁历史及传说做了梳理与考证，纠正了许多错讹，廓清了历史迷雾，显示了传统文化和吴地文化的优秀与珍贵。

《风雅宋》一书讲述了宋朝的"风雅"生活。作者从宋画入手，将宋人起居饮食、焚香点茶、赶集贸易、赏春游园、上朝议事的生活图景活灵活现地展现在读者面前，展现了宋朝特有的社会风貌和时代精神。

如图 5-4-20 所示，下面通过梳理图，以《平江图》为来源进行文化元素的罗列。

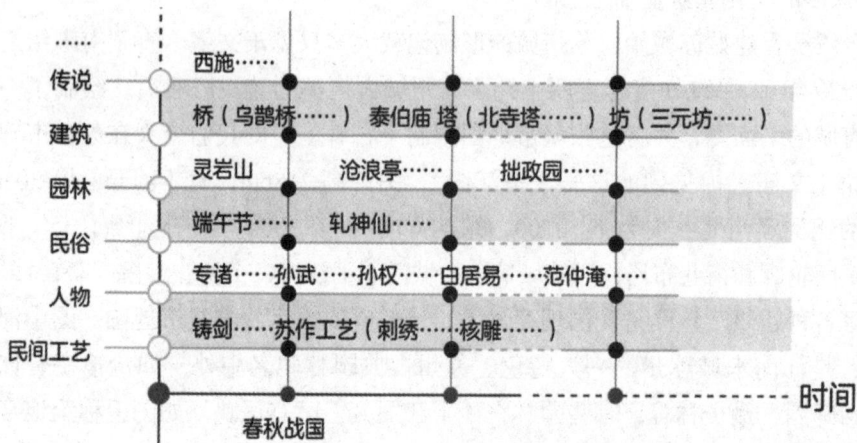

图 5-4-20　平江图文化元素的罗列

接着，实地去"观"看一下《平江图》也是非常必要的，如图 5-4-21 所示。尽管在苏州火车站南广场可以看到《平江图》的浮雕，在苏州城墙博物馆和网红打卡地平江路也都能看到《平江图》，但是在苏州文庙内的那张《平江图》才是原版。苏州文庙的现部分建筑被用作苏州碑刻博物馆，是江浙沪地区最大、全国第二大的孔庙，古代建筑之典范。此文庙是北宋著名政治家、文学家范仲淹所设的庙学合一的"江南学府之冠"。只有实地去"观"看，才能读懂苏州城，才知道为何十四世纪马可·波罗来到苏州时称其为"东方威尼斯"，因为从《平江图》上可以看到在 14 千米的苏州城市地图中刻了 359 座桥梁，如此多的桥梁在世界古代城市建筑史上实属罕见。从《平江图》上还能看到67座寺庙和9座古塔，感受曾经的"南朝四百八十寺，多少楼台烟雨中"。《平江图》有着丰富的内涵，只有实地去"观"看，才会有与别人不同的新发现、新创意。

图 5-4-21　《平江图》

　　除了拍照，还可以借助手绘快速地描摹下"观"《平江图》时为我们带来瞬间设计灵感的各种亭台楼阁、精巧的园林、高耸的宝塔以及奇巧的桥梁（图 5-4-22）。

图 5-4-22　通过手绘记录下的图形创意（作者：袁雨杰）

2. 观用户

　　创造 IP 前，对于目标用户也需要有一定的了解。在文旅融合的背景下，看看他们希望在苏州城获得怎么样的体验或者在旅游的过程中有着怎样的痛点。除了问卷法也可以在各种旅行 APP 和网络上看到各种真实的用户需求与痛点（图 5-4-23）。

"来到江南风情的苏州，第一站就选择了历史街区。我喜欢这样的静谧，远离城市的喧嚣一切都显得那……"

在吴地流传至今已有百年历史。"在苏州这种馒底金黄、硬香带酥、馒身白色、松软可爱、一咬汤卤满口的民间食品，也有吃了还想吃的时候……"

2 苏州博物馆　　　　3325个点评

"第二次去苏州博物馆了，不大。但是建筑就是这么有格调。而且正值大鼎展，不明白的可以去看看……"

2 松鼠桂鱼

松鼠桂鱼以桂鱼（又称鳜鱼、石桂鱼）加工制成，活杀后去脊骨，在鱼肉上剞成菱形状刀纹，深至及皮，蘸干淀粉后，经熟猪油二次炸制，呈浑……

图 5-4-23　网络上看到各种真实的用户需求与痛点

如果暑期去苏州博物馆，可以看到很多以"研学游"为目的来观展的青少年。自 2016 年教育部等 11 部委联合印发《关于推进中小学生研学旅行的意见》以来，社会各界组织及学校积极推进研学旅行相关进程。可是，大部分青少年研学游产品同质化严重，只是把博物馆和文化景点打包进行售卖，更不用说创新的体验式与研究性学习了。

此外，我们在文创商店还可以"观"到，越来越多的消费者购买文创产品不再是为了赠送，而是自我消费。这进一步验证了文创产品的"使用场景生活化"这一消费趋势，意味着消费者购买文创产品的心理动机正在发生变化。

3. 思载体

接下来，基于对《平江图》及其所包含的文化元素的了解进行思维导图的绘制。同样是一个思考的过程，只是不再只思考有形的实物，还要思考基于场景的体验。在这里，我们将从有形的实物类文创产品的三个方向和基于场景的体验设计出发完成思维导图，寻找到合适的基于《平江图》文化的原创 IP 或者是体验属性的文创产品，从而表达和传播《平江图》及其所包含的文化元素（图 5-4-24）。

要完成这项工作需要准备一张白纸、一些彩色水笔或铅笔、开放的思维、想象力及一个文化内容。一幅合格的文创产品设计的思维导图具备三个基本特征：一是中心，它代表所要设计的文化主题；二是由中心延伸出的若干主干，这些主干分别代表与中心文化主题相关的一级主题，用不同的颜色呈现，主干还可以延伸出下一级分支；三是每条分支都有一个关键词，用以表达思考的结果。

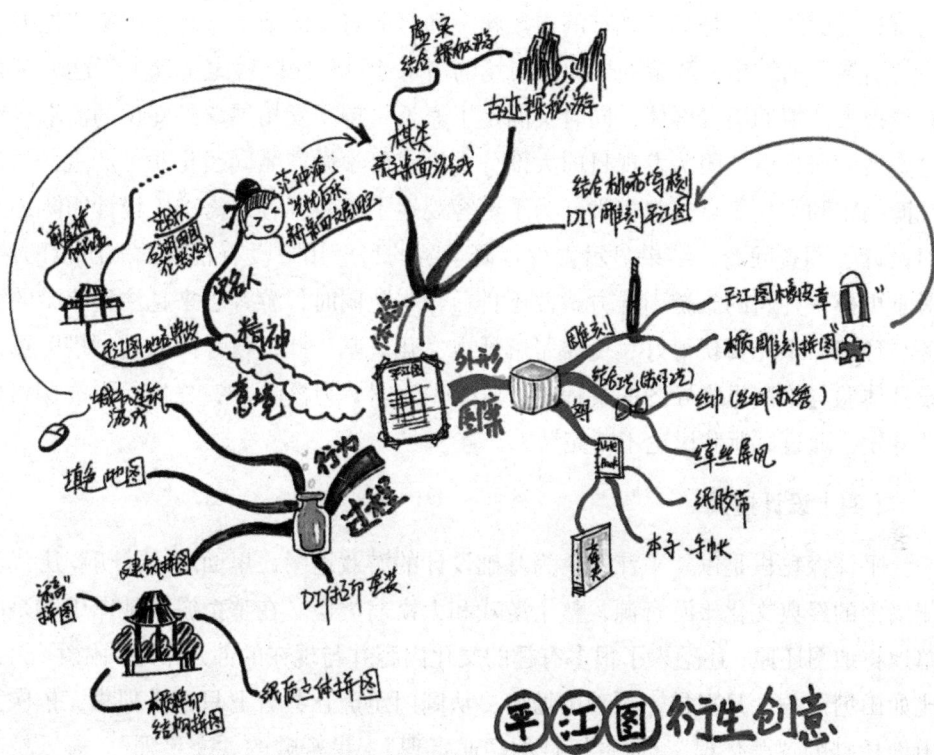

图 5-4-24 《平江图》的衍生创意思维导图

（二）搭建场景

对于《平江图》的衍生创意，从思维导图中就可以分析出各个创意的优劣和可行性。可以发现大部分以实物为载体的产品设计削弱了《平江图》的文化内容及其所包含的文化元素的数量，产品生命周期也较短。基于体验"搭"出的产品设计充分体现了文旅融合以及包含在《平江图》中的大部分文化内容。以四个分支去思考产品载体，有些创意也可以相互结合产生更好的设计。最终，通过头脑风暴、借助思维导图，设计团队确定这样一个方案——在"IP+文旅"的模式下，以《平江图》为 IP 的旅游文创产品，其目标用户是青少年，为青少年"搭"出一个再次体验《平江图》中繁华的古代姑苏的场景，借助这样的产品载体向青少年传播吴文化乃至中华传统文化。

（三）设计体验

这样的设计方案是基于"体验"唯一性进行设计的结果，是在"观"和"思"的流程下的结果，是基于现有的市场状况和行业背景的结果，是在国家和地方政策的引导下的结果。政策的导向和市场的需求让设计团队锁定了青少年这个对 IP 有着极大热情的消费群体，同时又满足了家长希望子女拓展课外知识的需求。经过实地调研，设计团队发现目前大部分青少年研学游产品同质化非常严重，只是把博物馆和文化景点打包售卖。为了更客观地了解目标客户需求，设计团队还专门设计了调查问卷，结果显示青少年研学游的目标用户没有很强的旅游目的性，对于更换一种新的旅游引导方式并不排斥。与此同时，游客越来越注重旅游的服务与环境，不光要玩得好，更要了解地方文化。基于此，设计团队在"搭"场景设计体验与绘制思维导图的过程中，以《平江图》为核心 IP，先进行平江探秘棋的开发，通过试玩和讨论不断完善。

（四）设计道具

平江探秘棋是以《平江图》为基础设计的游戏地图，里面融入了历朝历代苏州诸多的经典文化旅游资源，整个游戏和大富翁类似。在整个游戏地图中不是简单地将地图还原，还融入了很多有趣的文化内容并与现在的苏州市地图做了结合，比如山塘街的七只狸猫。顺着山塘街，从阊门至虎丘共有七只石头狸猫，依次为山塘桥畔的"美仁狸"、通贵桥畔的"通贵狸"、星桥畔的"文星狸"、彩云桥畔的"彩云狸"、普济桥畔的"白公狸"、望山桥畔的"海涌狸"、西山庙桥畔的"分水狸"。

关于它们的传说，流传较广的有两个。一是说明朝刘伯温来苏州，发现山塘河形状如龙，感到苏州将有真龙天子要与朱元璋争江山，为了镇住这条可能会造反的孽龙，他在山塘桥至西山庙桥沿途设置了七只青石狸猫头，用此来锁住龙身。另一个则与苏州的狮子山和虎丘山有关。相传狮子要挑战老虎，老虎请来七只狸猫帮忙，把狮子赶到了现在狮子山的地方。赶走了狮子的老虎担心狮子再来偷袭，便将狸猫留下镇守在山塘河边。

整个游戏的体验场景可以是在家里和爸爸、妈妈一起玩的一个亲子场景，可以在研学游体验的过程前，也可以在之后进行。游戏体验的过程相当于是研学游的课前预习和课后复习，达到提升实地研学游体验效果的目的。

针对平江探秘棋棋盘上的几个相近的格子可以打造一个研学游路线。(图 5-4-25)。

图 5-4-25 平江探秘棋衍生的研学游路线图

六、武汉美食文创产品设计

武汉地处华中，占尽九省通衢的便利。因此，武汉的美食也是兼容并包，声名远播。"过早户部巷，宵夜吉庆街"成为武汉饮食文化的真实写照。

（一）武汉美食公交卡

武汉的城市交通十分发达，短期公交卡可以大大方便外地来汉游客短期旅行的出行需求，考虑其实用性和收藏价值。

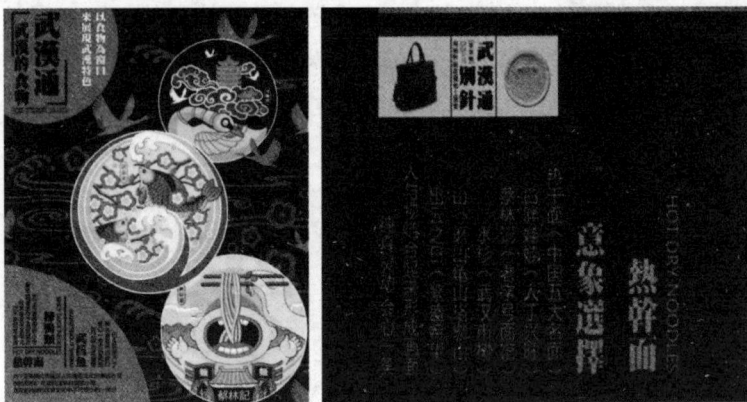

图 5-4-26　武汉美食公交卡

如图 5-4-26 所示，公交卡设计融合中国五大名面之一——热干面，通过塑造"白胖娃娃"（人丁兴旺）、"蔡林记"（老字号面馆）、"水杉"（武汉市树）、"山"（磨山龟山珞珈山）、"出云之日"（繁盛希望），通过人与物的结合形成纯真灵动的画面。

（二）糯米包油条抱枕

以武汉过早文化作为设计来源，将早餐中常见的苕面窝和糯米包油条应用于文创设计中。在武汉，人们称吃早饭为"过早"，市民基本不在家做早餐，出门"过早"已经成为一种地域习惯，是这座城市独有的风景。

糯米包油条是武汉最有特色的小吃之一。将糯米蒸熟后，平铺撒上炒好的黑芝麻或黄豆粉；再将油条放在糯米饭上，亦可根据个人喜好放上配菜；最后用糯米饭将油条包住即可食用。香酥绵软，风味绝佳。

本设计作品以黑色棉线绣出芝麻粒，羊羔绒为糯米层。抱枕可沿尼龙扣打开，展开后是一张部分白色、大部分黄色的羊羔绒毯子，天冷可将抱枕打开，变成一张毯子，一物两用（图 5-4-27）。

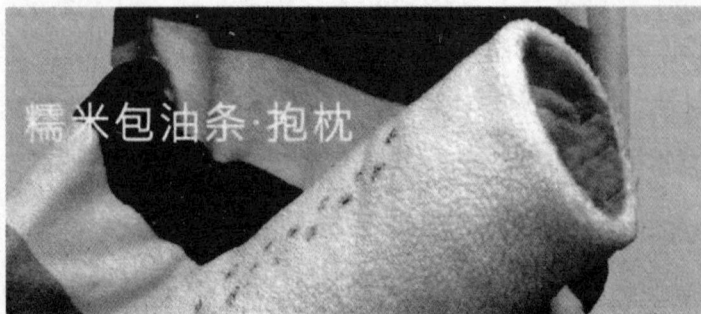

图 5-4-27　糯米包油条抱枕

（三）苕面窝靠背枕

苕面窝是武汉地方性油炸小吃之一，跟武汉另一种小吃——面窝差不多，不同的是，它把红薯（武汉称苕）加入到面窝中。每个红薯丁为四方体，将其缝合在一起便成为一个苕面窝的形象。如图5-4-28所示，苕面窝靠背枕材质上是棉绒布，细节处理上加入标语"苕·红薯也"。其中一块红薯粒印有"武汉印象"并作为文创产品的Logo，增强其文化内涵。

图 5-4-28　苕面窝靠背枕

七、曲阜尼山圣境系列文创产品设计

同一文化主题，可以使用不同题材予以表述；同一题材亦可以表述为不同文化主题。以"山东曲阜尼山圣境文创产品设计开发"为例，通过对孔子生平事迹的梳理，并结合儒家中庸、仁恕、礼义、精进、包容的思想内核，撷选与孔子生平相关的竹简、古琴、蝉、松柏、兰花、白鹭、山水等文化符号，赋予其象征意义，综合表现曲阜国际慢城文创产品所应具备的以物传情，以物达意，观物比德，以物映心的精神特质。

（一）"竹简"与"竹简铅笔"形态语义的功能转化

竹简是古代用来写字的竹片，是我国魏晋之前特有的书写材料，富于浓郁的东方文化神韵。另一方面，可以通过"韦编三绝""鲁壁藏书"等典故，将"竹简"与孔子本人及儒家文化进行连接。以"竹简"为符号语言进行功能转化，首先考虑将其"书写"语义予以延续，另外还应结合当前生活需要，对位生活中常用的使用功能。因此，将"竹简"的形态语义向"铅笔"的功能语义转化。该设计以竹简的形态特征为基础，结合铅笔的使用功能，以麻线连接二十四支铅笔。铅笔的一侧为儒家经典《论语》中文选句，另一侧为名句的英文翻译。设计寓意为"一卷竹简，一部论语；一支铅笔，一句智慧"（图 5-4-29）。

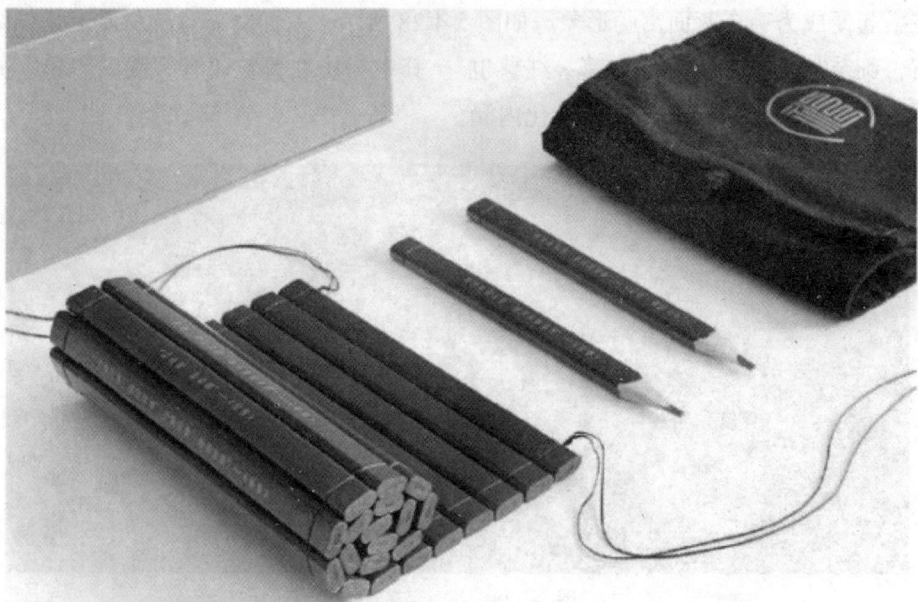

图 5-4-29　竹简铅笔（设计：张焱）

（二）"古琴"与"古琴移动电源"形态语义的功能转化

古琴是中国传统拨弦乐器，有三千年以上历史。在中国古代社会漫长的历史阶段，"抚琴"被文人雅士视为修身养性的必由之径。古琴因其清、和、淡、雅的音乐品格寄寓了文人超凡世外的心态。并且，我们可以通过"孔子闻韶""孔子抚琴"等典故，将"古琴"与孔子生平进行连接，表现儒家思想独特的文化特征。

以"古琴"为符号语言进行功能转化，首先要将其特有的形态语义予以延续，并结合当前生活的现实需要，对位常用的使用功能。因此，设计师将"竹简"的形态语义向"移动电源"功能语义转化。该设计以仲尼式古琴为形态特征，结合移动电源的使用功能，采用红木镶银传统工艺，对木、银、铜等材质进行组合，形成既具备现代使用功能，又具备东方传统审美特征的文创产品设计。该设计为2019 年山东省文化和旅游商品创新设计大赛概念组金奖作品，2019 年山东省国际友城合作发展大会官方纪念品（图 5-4-30）。

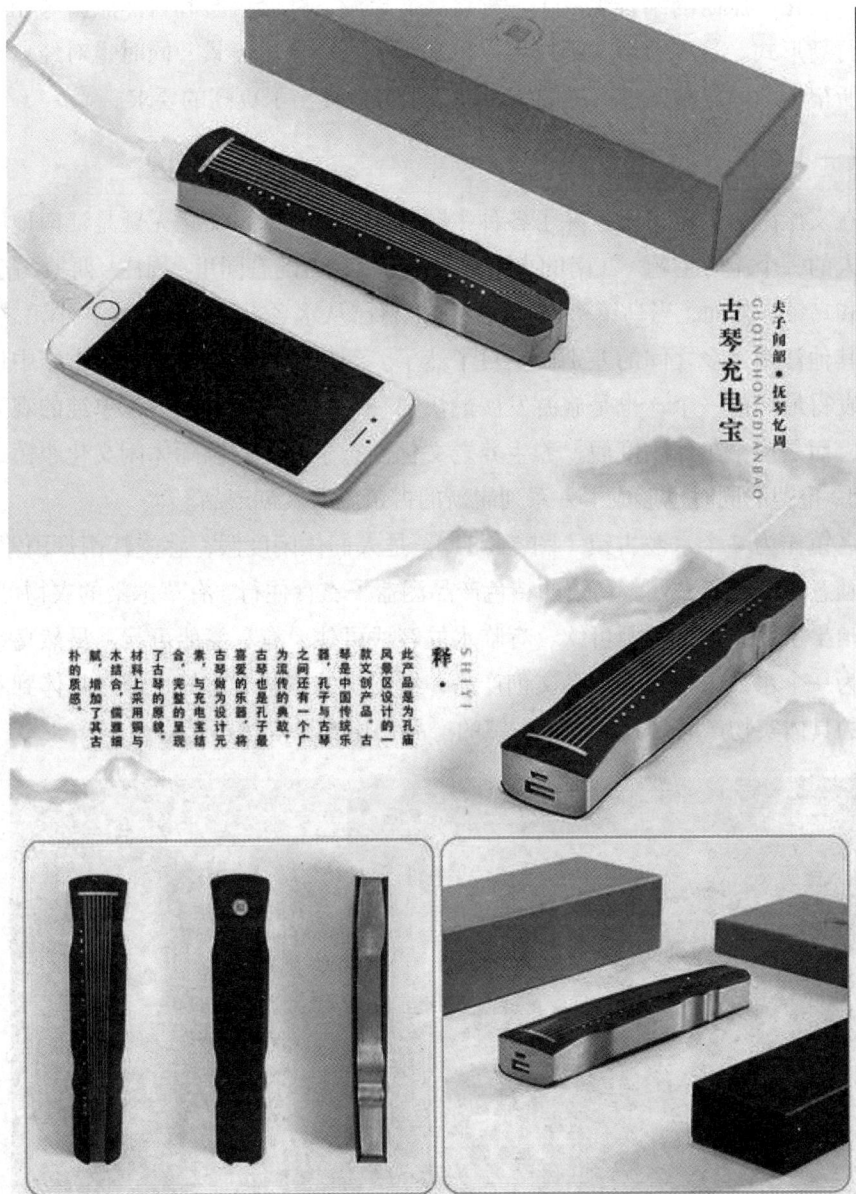

图 5-4-30 古琴充电宝（设计：张焱）

八、基于文旅融合的旅游文创产品设计

文化是人类所创造的精神财富和物质财富的总和，并且具有一定的地理性、

物质性、历史性、传承性，而旅游是实现文化传承和发展的载体，文化是旅游的灵魂，文化和旅游的结合生成了一种将人文旅游、社会旅游和自然旅游等相结合的流行新形式。这种新形式不仅可以带来令人身心愉悦美景，同时也对经典文化资源所衍生出的旅游文创产品的创新性、独特性提出了更高的要求。

（一）乌镇

在文旅融合的背景下，除了各种主题文化乐园，水乡文化无疑是江南地区最吸引人的一个旅游主题。江南的古镇很多，比较有名的有同里、周庄、西塘、南浔、角直和乌镇，然而，当乌镇率先创新性地把自己从水乡古镇打造成文化小镇之后，它和其他江南水乡之间的差别便一目了然了。到目前为止，它是江南古镇中保护性开发得最好的一个，也是旅游发展最快的一个。乌镇景区已不是单纯的观光游景区，而是一个集休闲度假、养生养老文化创意于一体的国际休闲文化小镇，在完成 IP 重塑的同时也形成了一系列崭新的古镇旅游文创产品。

乌镇作为一个水乡古镇（图 5-4-31），是人们休闲度假，感受江南烟雨蒙蒙、诗情画意之景的好去处。乌镇的特色产品涵盖了衣食住行，有草木染的衣物可穿、有乌镇果子可食、有乌酒可饮、有临水的客栈可住、有乌篷船可行。虽然乌镇本身作为一个水乡古镇的"大"文创产品，给用户的体验非常好，但是具体到衣食住行的具体实物产品和其他水乡古镇的产品相比差异依然不是很大。

图 5-4-31　乌镇西栅

1. 创 IP

乌镇唯一区别于其他水乡古镇的文创系列产品是"乌镇福鱼"。在西栅大街的 348 号沈家厅纪念品商店里，游客可以找到那条福鱼，这是一家出售历届乌镇戏剧节的衍生产品以及乌镇特色文创产品的主题店铺。

乌镇福鱼是"大黄鸭之父"霍夫曼参考大黄鸭的设计理念设计的一件作品。福鱼，应用中国吉祥文化中谐音的表达方法，即富裕。到了水乡怎能不捕一尾福鱼带回家，当福鱼被制作成一系列商品之后，自然就非常受欢迎了。福鱼这一 IP 成为乌镇第一个被系列化打造的形象，其形式也衍生出除 T 恤之外的手账本、手拎袋等文创产品（图 5-4-32）。从福鱼系列产品中可以看到，古镇文创产品的开发要以古镇历史文化为魂，依托一定的物质载体，将文化融入其中进行旅游开发，使得文化符号化并通过特定的符号叙事语境形成特定的文创产品。

图 5-4-32　福鱼系列文创产品之福鱼手袋

2. 延续物质文化遗产

乌镇作为一个有着 1300 年历史的古镇，除了通过结合本身的特点创造新的 IP 衍生出旅游文创产品，还可以通过对原有的物质或非物质文化进行旅游文创产品的开发。

乌镇的草木本色染坊位于西栅景区，在这里可以看到蓝印花布传统印染工序，如果感兴趣，还可以在此体验挑布的乐趣，做一块自己喜欢的蓝印花布。前店后坊的模式沿用了之前乌镇人开店的模式，如果不想自己做，可以在店铺中购买现成的包与衣服。染坊有着浓浓的江南味道和传统工艺特色，从纹样设计、花稿刻制、涂花版、拷花、染色、晒干都遵循着祖辈留下的工艺。晒场中高高的架子上挂着的蓝白色花布在阳光下看起来很美，以此为背景拍上一张美照已成为其不同于其他景点的特别体验（图 5-4-33）。

图 5-4-33　西栅景区草木本色染坊晒场

　　乌镇也将乌镇蓝印花布的这抹蓝色打造成为乌镇的一个特色。蓝印花布最初以蓝草为染料印染而成，是我国的传统民间工艺，距今已有 1300 年历史。古籍《二仪实录》中记载："缬，秦汉间始有。"缬，是印有花纹的丝织品。在宋代，蓝印花布工艺日趋成熟；明朝设有织染局，基本上垄断了织染业；直至清朝，民间染坊开始涌现。乌镇是蓝印花布的原产地之一，现在乌镇是仅存不多的蓝印花布产地。悠久的历史和仅存不多的产地之一，也值得让乌镇将其打造成为自身的一个重要文化符号，各民宿门口的指示，小吃店内的桌布，还有阿姨头上的方巾等，几乎随处都可在乌镇看到蓝印花布元素（图 5-4-34）。

图 5-4-34　蓝印花布

蓝印花布的原料土布及染料均来自乡村，工艺出自民间。旧时，浙江一带的农村家家户户都使用蓝印花布，窗帘、头巾、围裙、包袱、帐子、台布等都可以用它制作，其曾是人们不可或缺的生活元素。本身非常接地气的特色使其极其适合被重新设计，并再次融入消费者的日常生活中。在一些小店里也能看到以蓝印花布为文化元素设计的文创产品，比如手账，但是这种贴图式的传达方式比起带着土布特有质感的包、衣物等，对于游客的吸引力下降不少。

除了蓝印花布，乌镇还有三白酒、花灯等物质文化，与蓝印花布店铺的门庭若市相比，花灯店铺（图 5-4-35）则是门可罗雀。与蓝印花布品类繁多的衍生产品相比，花灯的衍生品几乎为零，其依旧保持者传统的形态和功能。但是到了乌镇的元宵节，游客一定会增加购买的欲望，哪怕是在平日里，只要了解到乌镇"提灯走桥"的传统，很多游客忍不住要体验一回。古时，在元宵节这天，乌镇的居民会提着灯笼走过十座石桥，寓意着和过去告别，亦象征十全十美，在新年里讨个福寿双全的吉利。

现在，游客可以提着微弱发光的灯笼，穿梭在西栅的夜景光影间，用最古老的方式提灯走桥，融入江南的水乡之中。这种行为文化也是文创产品设计的一项内容，同样可以衍生出各种创意满满的旅游文创产品。

图 5-4-35　花灯店铺

3. 延续非物质文化遗产

手里提着祈福的灯笼，如果还能穿上一套美美的汉服，那便真的仿佛穿越回千年前的梦里水乡了。每年 10 月是乌镇的戏剧狂欢节，海内外的游客蜂拥而至，为的是体验戏剧氛围；西塘每年 11 月初都会聚集众多汉服爱好者，以体验中华传统服饰文化、礼仪文化。所以，独特的体验也是各主题乐园、景区能够带给消费者的独一无二的文创产品。随着汉服越来越火，穿汉服出行的人也越来越多，很多人没勇气在大都市穿汉服出门，到有着古朴建筑的古镇体验一下汉服便成了不二之选。乌镇等水乡古镇都有汉服体验店。如图 5-4-36 所示，商家可以帮客人化妆、做造型，店里也有非常多的服装和发饰可供选择，还可以配上各种小道具，比如团扇、油纸伞、绣花鞋、汉服包等。

图 5-4-36　汉服体验

文旅的融合让人们在游览的同时不仅想要享受美景、快乐，还有了对知识的渴求。很多汉服爱好者穿着汉服走在古镇中，有时会被误认为是穿了韩服，这从侧面反映了很多人对中华传统服饰的认识还不够。由于汉服价格较高，并不容易将有关汉服的传统文化进行推广，但是汉服体验为汉服文化的传播提供了一个新途径。

（二）拈花湾和东方盐湖城

如果说乌镇融合了各种文化元素，内容繁多，那么无锡拈花湾就是主题明确、内容统一的禅意文化主题景区（图 5-4-37）。乌镇本身有着千年的历史，文化底蕴深厚，从物质文化到非物质文化都可以进行衍生文创产品的开发。但是对于国内众多的类似拈花湾这样全新打造的度假小镇，给游客带来的旅游文创产品主要集中在与其自身主题相关的实物类文创产品和各种体验上，尤其是和小镇主题相关的体验上。

图 5-4-37　无锡拈花湾小镇

1. 心灵的体验

拈花湾的命名源于经典故事拈花一笑和小镇所在地块形似五叶莲花的神奇山水构造。其建筑风格则源自唐朝时期的建筑结构，再融入江南小镇特有的水系，打造出一个自然、人文与生活方式相融合的旅游度假目的地，让人们体验禅意生活，开创心灵度假的休闲旅游新模式。

图 5-4-38　常州东方盐湖城

类似的文化主题景区还有常州东方盐湖城（图5-4-38）。拈花湾是盛唐佛教主题，东方盐湖城则是魏晋道教主题，虽然两者风格略有差异，形式却较为相同，都是全新打造的主题休闲度假小镇。景区本身是一个"大"旅游文创产品。和乌镇一样，它们给消费者营造的是一种感觉，乌镇是水乡古镇，拈花湾和盐湖城则分别是盛唐佛家风格与魏晋道教风格的禅意。

2. 动手的体验

第二类文创产品是各种文化体验，如陶艺、剪纸、抄经等，两个景区几乎差不多。但是由于茅山道士和道家名山茅山的缘故，在茅山脚下的东方盐湖城内画符会让人产生"正宗"的意味，得到一份特殊的体验（图5-4-39、图5-4-40）。

虽然剪纸体验与画符体验都只是一个过程，但是游客在体验后都会选择把自己剪完的图案和画好的符纸带回家，前者可以作为装饰品，后者则是祈福的物品。两者都需要以实物类的产品作为载体，前者使用红纸和装裱的镜框，后者使用空白符纸和布袋。景区体验区内还售卖用来装符的小布袋，可以在画完符后将符装入袋中，放置在包内或悬挂在家中。这些载体的形式并不固定，都可以成为文创产品设计的内容，都可以有更好的创意呈现，从而让不同景区的体验也变得不一样。

图 5-4-39　阵花纸店铺

图 5-4-40　画符体验馆

九、泰安"复圣文化"系列文创产品设计

　　宁阳作为"复圣颜回"故里，对打造"复圣文化"品牌高度重视。为纪念颜回，凸显城市文化特征，打造城市文化名片，促进区域经济发展。宁阳在城东专门兴建复圣文化景区。复圣景观区占地面具 606 亩，北靠汶水，东邻泰沂山脉，以孔子和颜回代表的中国传统儒家文化为主线，体现了"尊"和"敬"两个文化主题和一个中心文化区。其中西侧为"尊"文化区域，东侧为"敬"文化区域，中间为"尊悟"区。西侧"尊"文化区域划分由南至北依次为"尊本区""尊融区""尊和区"，对应的景观依次为"君子之泽""融昭园""尊和坊"；东侧"敬"文化区域划分由南至北依次为"敬雅区""敬乐区""敬趣区"，对应的景观依次为"敬贤林听雅轩""藏乐湾""童趣园"；中心文化区"尊悟区"景观为"通慧桥""慧明楼"，与中央湖区"明心湖"相互呼应。宁阳统筹城乡发展集团以复圣风景区为基础，对"复圣文化"品牌进行全面开发。"复圣文化"品牌标志设计分别将"仪""智""礼"等三个关键词作为设计切入点。主要是从儒家所推崇的容貌仪表、智慧德行、礼仪举止等三个方面入手，提取典型形象，进行标志设计（图 5-4-41）。

图 5-4-41　复圣文化标志设计方案（设计：张焱）

（一）"台榭"蓝牙香器套装设计

颜回生活于春秋时期，春秋时期的宫殿建筑，其典型风格为"台榭式"建筑。所谓"台榭"即"先台后榭"。各诸侯国在营建宫殿时，首先修建阶梯状夯土台基，夯土台基根据各诸侯国的国力不同，可修建高数米至十几米不等。然后，在夯土台上分层建造木构宫室明堂等建筑。春秋时期各诸侯国所修建的台榭式建筑位置高敞，外观宏伟。有效地保证了宫殿防洪、排涝、守备等目的。如侯马晋故都新田遗址中的夯土台，面积为75米见方，高7米多，高台上的木架建筑已不存在。随着诸侯日益追求宫室华丽，建筑装饰与色彩也更为发展，如《论语》描述的"山节藻"（斗上画山，梁上短柱画藻文），《左传》记载鲁庄公丹楹（柱）刻（方椽）。

"阙"是东周时期重要的建筑样式，在我国古代建筑体系中占有重要地位。阙源于门，在中国古代建筑中，门之设立，最早始源于一种防卫上的需要，而阙则属于"宫门"的形制，即建在宫门等建筑群前的左右对称的建筑物。两阙间空缺的地段为通向阙后建筑物的道路。其构造是中央无门扇，"阙"与"缺"相通，两阙之间为一通道，"阙然为道"也是其名称的由来。

"台榭"香器套装设计以春秋时期"台榭"与"阙"的建筑风格为形态切入点，结合花器、香器、音响等功能。整体采用汉代漆器红，局部花纹嵌铜。中间主建筑为储香盒，双阙下部分别为蓝牙音响与插花器皿，双阙上层可放置盘香（图5-4-42）。

图 5-4-42 "台榭"蓝牙香器套装设计实物拍摄

（二）"复圣尊酒"瓶形与包装设计

我国有着悠久的酿造粮食酒的历史，以及丰富的酒文化。西周时期，按照礼仪规范，古人无"事"并不饮酒，即便饮酒也要符合礼法规矩。现存商周古文字记载中多有关于"酒"的记载，很多出土的同时期青铜器也多为酒具。罗振玉的《殷墟文字类编》中有"酒，像酒由尊中抱出之状""殷墟所载之酒字为祭品，考古者酒熟而荐祖庙，然后天子与群臣饮之于朝"。可见，古人饮酒首先是为了"飨神"，然后才是"愉人"。《周礼·天官冢宰第一》有"酒正掌酒之政令，以式法授酒材"。可见当时酿酒完全是政府行为，并专门设置"酒正"为负责酿酒、监酒、宫廷飨宴饮酒等事务。

"复圣尊酒"为宁阳当地特色地方酒，酒瓶使用玻璃与陶瓷两种材质，瓶形采用大口设计，方便用作杂粮容器或花器使用。外包装改变传统酒盒开启方式，采用酒盒中部开启。待酒盒开启后，盒内有折扇状机构连接，用于固定酒盒，呈现产品相关文化主题（图5-4-43）。

图 5-4-43 "复圣尊酒"瓶形与包装（设计：张焱）

（三）"涧花入景"煮茶壶设计

唐代温庭筠《西陵道士茶歌》中有"涧花入井水味香，山月当人松影直"之句，描绘饮茶的意境。该设计从"涧花入井"中获取"涧花入景"的设计灵感，将煮茶品茗与观山悟景相融合。壶身被设计成圆形，加热控温底座为方形，取"天似穹庐，笼罩四野"之意。壶盖是由泰山玉材质构成的玉璧状形态，中国传统文化中有"苍璧礼天，玉琮礼地"之说，因而，圆形的玉璧也象征"天"。这样，圆形茶壶与下部方形底座便共同构成了"天地"寓意。

宁阳隶属泰安市，距泰山仅五十公里。因此，宁阳文创产品设计开发过程中，可适当体现泰山文化特征。壶身采用透明玻璃材质，加热装置形态由泰山山形概括提炼获得。茶叶在冲泡保温过程中，与山脉状加热装置共同构成泰山微观景致。在加热装置的山形语义暗示下，茶壶冲泡不同种类的茶叶，所形成不同色泽的茶汤，进而会形成不同的意境。如冲泡绿茶或花茶时，茶叶嫩芽与茉莉花或沉于壶底，或浮于茶汤之上，与山形共同组成"春满泰山"意境；而如果冲泡红茶，则会形成类似于"泰山朝晖"的意境（图5-4-44）。

图 5-4-44　"涧花入景"煮茶壶（设计：张焱，隋秀秀，冯珊珊）

（四）"彩梳云簪"礼盒套装设计

该设计以泰山"云海日出"为设计意向，以云纹构成梳、簪、镜的主要形态特征，采用泰安盛产的枣木为主要材质，取多子多福、早生贵子之意。礼盒使用正圆形态，象征团圆与圆满之意（图 5-4-45）。

图 5-4-45　"彩梳云簪"礼盒套装（设计：张焱）

（五）"云月提灯"与"泰山云日办公摆件"设计

"云月提灯"与"泰山云日办公摆件"设计均采用泰山"云海日出"设计意向，以云纹构成文创产品主要形态特征。其中"云月提灯"的提梁由两部分组成，前半部为灯头，后半部为灯杆。当提灯在家中使用时，可将前部灯头直接与电源插座连接，兼做室内壁灯使用。（图 5-4-46）"泰山云日办公摆件"包括日历、便签盒、签字笔与笔插、手机支架与名片盒、书立与档案盒组成。

图 5-4-46 "云月提灯"（设计：张淼）

十、体验经济视角下的文创产品设计

以苏州旅游文创产品设计为例，在体验经济下，设计的出发点变更为体验，并且要以体验的唯一性作为衡量设计的重要标准，通过附加地域属性、时间属性，或者综合使用两者来创造独一无二的体验。以"枫桥夜泊"文化元素为例，如图 5-4-48 所示，我们可以按照这一流程开始设计。首先把"枫桥夜泊"设定为一个要打造的 IP，即我们要给游客讲述的故事，这个故事中的"枫桥夜泊"真实地存在于姑苏城外的寒山寺，这便是它的唯一性，让这一文化 IP 无法被抄袭，就如同任何游乐园里的过山车都无法带来和迪士尼小矮人一起坐过山车一样的体验。同理，只有姑苏城外的枫桥才是那个我们想要和张继一同分享的体验，只有诗词中的枫桥、寒山寺才能构筑出游客想要体验的唯一性场景。而作为文创产品设计师，可以设计的就是实现这种体验、构筑这种场景的道具，这些道具包括建筑、服饰等有着唐朝韵味亦是陈设的商品。

整个"枫桥夜泊"主题的文创产品以产品服务系统呈现整个文化 IP 中的故事内容，以对应 IP 的商品为道具构建场景，以游客的参与、体验为基础进行设计，以让游客购买道具（商品）和分享"枫桥夜泊"这个 IP 为目的。这个融合文化与旅游的 IP 自然会带动各种文创产品的销售，达到传播文化的目的。

如果可以让游客选择一个时间段去枫桥，那必定是深秋，只有在深秋才有可能体验"江枫渔火对愁眠"，一个城市每一季都可以为游客"设计"出独一无二的体验。在苏州，冬日里你闻不到春日里"香雪海"的梅香，夏日里你吃不到秋日里苏州独有的"鸡头米"。

　　基于地域属性和时间属性的叠加，必定可以设计出带来不同体验的文创产品，也能触发游客对于体验的不断分享，开启游客的四季持续体验之旅。因为大多数游客都不愿意重复相同的体验，他们希望每次尝试都有令人惊喜的新体验，然后与亲友分享这种惊喜。用户对于产品体验的肯定与分享，将会随着物候变化持续扩大其相应的旅游文创产品的影响力，最终实现文化的传播（图 5-4-48）。

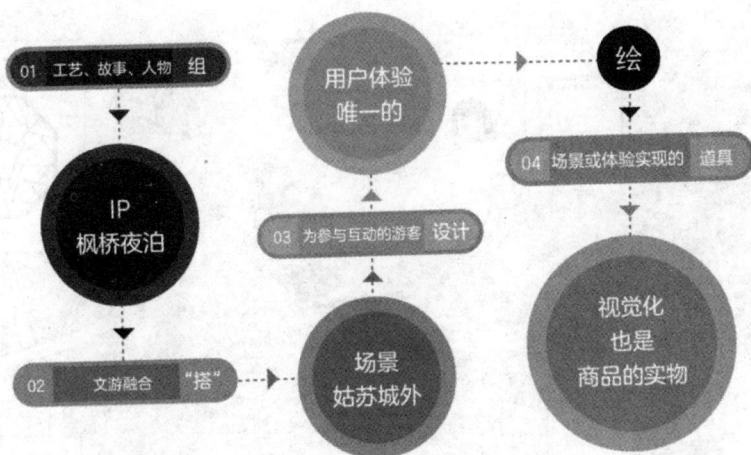

图 5-4-47　基于体验经济的文创产品设计流程

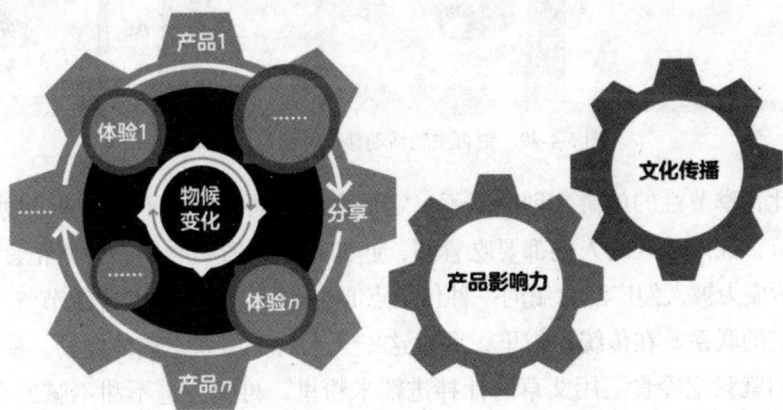

图 5-4-48　四季不同文创产品带来持续影响力推动文化传播

　　一提到季节性的旅游文创产品，游客的第一印象就是时令瓜果，那季节性的文创产品是不是只有食物呢？我们来看一下这个例子：道前街是苏州一条比较有文化特色的马路，街道两侧种植的均是银杏树，每年初冬季节，道前街总是吸引了无数市民和外地游客前来观赏银杏。苏州市会议中心大酒店位于道前街银杏观赏较佳位置，计划围绕门口的银杏进行每年一次的主题活动策划，已成为自身的一个亮点。最终，酒店提出的银杏主题体验活动包括银杏绘画和银杏糕点的制作。设计师需要做的就是设计相应的体验道具（也可成为售卖的商品）。围绕酒店的需求，最终的设计方案包括放置画具的帆布包、绘画和糕点制作都需要的围裙、文具手账，以及时令性的银杏糕点的包装盒等（图 5-4-49）。

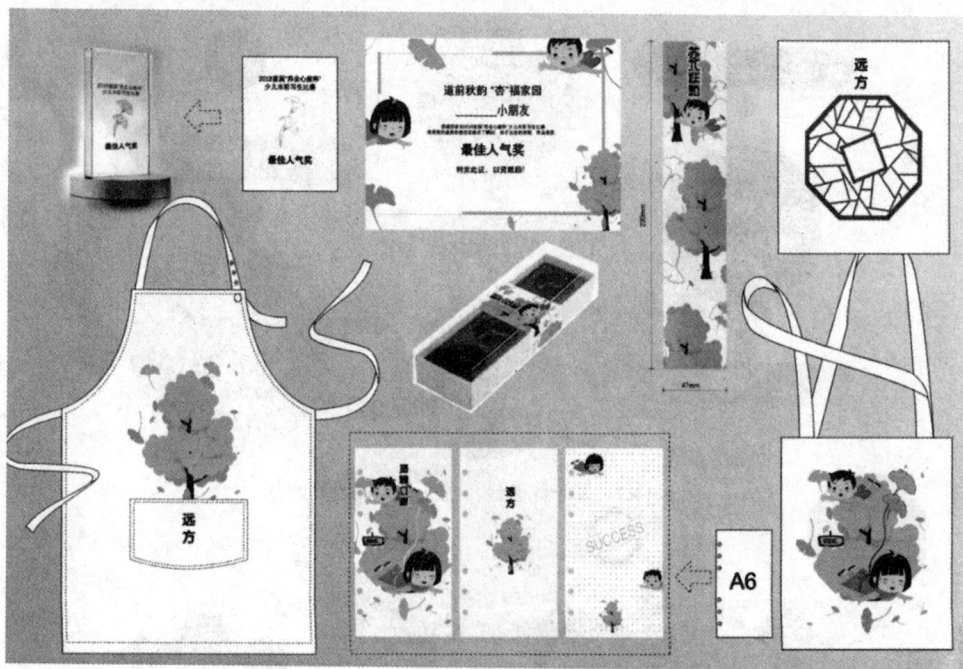

图 5-4-49　银杏主题活动伴手礼的设计方案

因此，季节性的旅游文创产品不一定是食物，同时它也不一定是实物。每年清明时节，江南地区的人们都要吃青团，起初它是在清明时期作为祭祀食品出现的，渐渐成为被人们广泛食用的一种传统点心。此外，青团也与传统节气"寒食"有着一定的联系。在传统习俗里，寒食这一天人们不可以吃热的食物，所以每逢寒食人们就只吃冷食。用艾草的汁拌进糯米粉里，再包裹进不甜不腻的豆沙馅，蒸过之后清淡却悠长的青草香气越发浓郁，青色糯米团子就做好了。这个文化内容完全可以用来进行文化 IP 设计并衍生相应的体验和实物文创。

图 5-4-50　趣味青团研学手册

将青团和清明时节的习俗组合为一个"趣味青团"的文化 IP，让青少年带着趣味青团研学手册（图 5-4-50）在百年糕团老店内体验青团的制作；在户外体验清明时节放风筝的习俗；听民俗大师讲述清明节气的故事，这样的体验和体验中的道具一定是全新的文创产品。

当然，青团可以和不同的文化元素进行组合来进行文化 IP 的设计，从而可以得到不一样的文创产品设计方案。在图 5-4-51 中尝试写下你的方案。

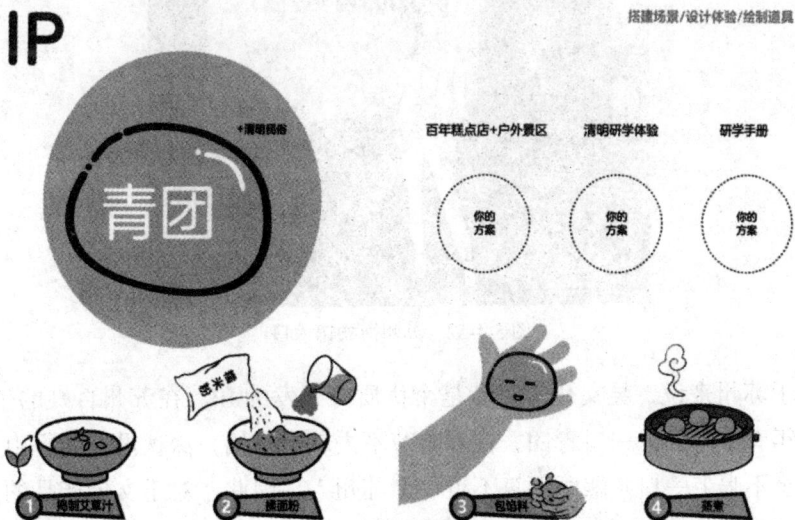

图 5-4-51　青团文化元素与不同文化元素的组合

（一）梳理与转化 IP

基于体验进行文创产品设计的第一步就是先进行 IP 的设计，组合成能创造唯一性体验的 IP。以苏州博物馆为例，当观众最后走进苏州博物馆的文创商店后，促使游客消费的不一定是参观过程中的那些展品。在故宫文创都有了淘宝店的今天，能够触动游客购买的绝对不是"该天的回忆"和"馈赠亲友"，而是"这个体验真的很不错，我要分享这个体验中的道具"。而苏博圈大多数是"建筑粉"，游客的重点是分享和"苏州博物馆"五个大字的合影（图 5-4-52）。所以这也是为何之前有数据统计苏州诚品书店的客单价远高于苏州博物馆的原因，自带流量的诚品圈是"文创粉"，同样的商品在苏州博物馆还是商品，在诚品它便成了"诚品"这一 IP 中的道具，分享诚品的体验怎么能缺少道具呢？IP 的传播少不了其忠实的粉丝，周星驰的《唐伯虎点秋香》不光为"唐伯虎"圈了众多粉丝，更为苏州圈了不少粉丝；一部影视剧中的同款道具可以为家电商创造上千万元的收入，这两者都是因为 IP 的力量。

图 5-4-52　苏州博物馆入口

对于苏州来说，吴文化本身就是个优质待开发的 IP。在苏州百姓的生活中，仿佛每年春季不尝上一口青团，初夏时节不去轧个神仙，深秋没去天平山赏个红枫，冬至不喝上一口冬酿酒便算不得一个苏州人。因此，对于文创产品的开发首先要进行 IP 来源的整理，IP 来源的整理先要给 IP 的范围设定一个大小，纵轴将文化元素按照一定的文化主题内容进行分类，可以根据 IP 的文化元素来源对分类方法做调整；横轴既可以是时间也可以是空间（图 5-4-53）。

按照上述方法可以将吴文化的内容设定为 IP 来源，以器物文化、观念文化和行为文化的文化分类方式对吴文化进行文化元素分类。以器物文化为例，有 2500 年前的名剑"干将莫邪"，有始于明代的"桃花坞木刻年画"；以观念文化为例，有百戏之祖的"昆曲"；以行为文化为例，有延续至今的"石湖赏月"，如图 5-4-54 所示。然后基于体验的唯一性对这些文化元素进行组合创造新的文化 IP。

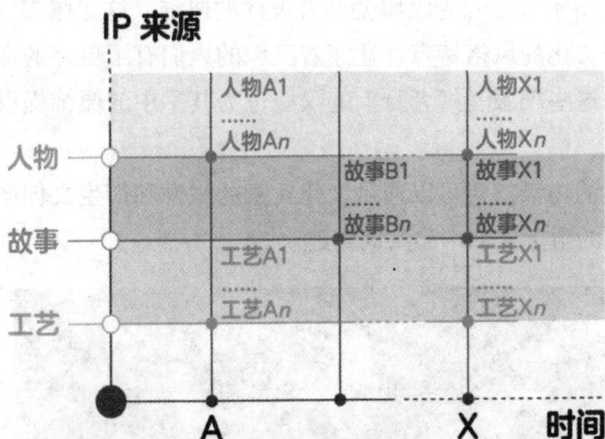

图 5-4-53 IP 的梳理

现在，选定一个 IP 来源，尝试进行 IP 的整理并填入图 5-4-54 中。

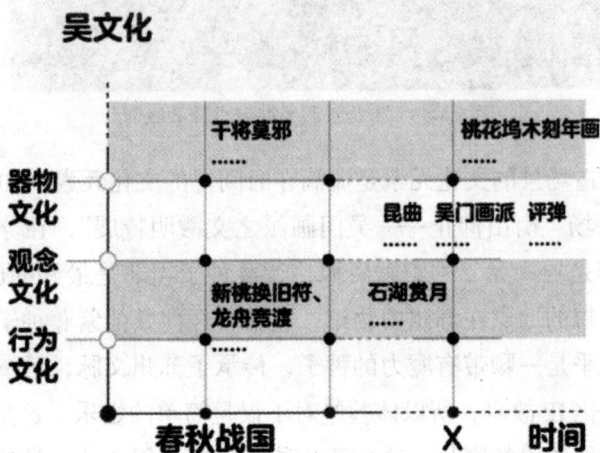

图 5-4-54 基于吴文化的 IP

（二）搭建独特场景

完成 IP 的设计之后，接着就需要以唯一性体验为基础融文化和旅游为一体，把 IP 场景化，有选择地将"道具"转化为旅游文创产品，从而抓住年轻一代的消费群体，让年轻人分享、传承中国传统文化的精髓。因此，设计师想要为用户营造出不同的体验场景就需要设计不同的道具。当设计师设计旅游文创产品的时候，应该为用户设计相应的文化体验场景来引导用户分享这种体验，从而扩大产品的影响力，实现文化的传播。

如图 5-4-55 所示，是专为汉服爱好者设计的佩饰。这些佩饰源于汉服文化元素，融入了汉服文化的风格特点，让穿着汉服的人们有了更好的穿着体验和拍照体验。反过来，这些汉服爱好者身上的汉服也为其手中的佩饰提供了一个良好的展示场景。

因此，体验的场景搭建可以通过文化元素的来源和衍生文创产品来创建，也可以通过同主题的衍生文创产品共同搭建。

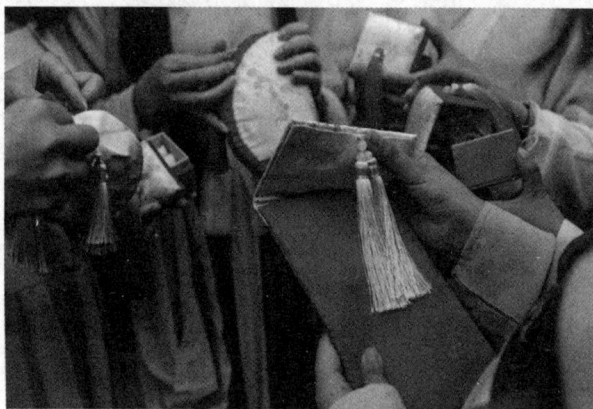

图 5-4-55　专为汉服爱好者设计的佩饰

还有一类营造场景的文化元素是流淌在时间里的文化元素。2013 年底，苏州博物馆举办了一场"衡山仰止——吴门画派之文徵明特展"，在苏州博物馆内的文徵明手植紫藤是独一无二的馆藏资源，紫藤种子岂非是最好的旅游文创商品。至少它最适合销售的地点在苏州博物馆，它带着任何其他紫藤种子所不能带来的栽种体验，这似乎是一颗带有魔力的种子，传承了苏州文脉，延续了"文徵明手植紫藤"这一文化 IP 故事，所以体验绝对不仅是简单的娱乐。这是一款随物候四季变化不断创造新体验的产品，这款紫藤种子旅游文创产品本身是产品，也是更多其他产品用来创造体验的"道具",比如对于购买到种子的游客,可以定时推送养护技巧,可以定时分享苏州博物馆内的紫藤图片……紫藤种子只是围绕"文徵明手植紫藤"这一文化 IP 故事开发的系列旅游文创产品中的一个道具。这类流淌在时间里的文化元素所带来的丰富文化场景,衍生出的是"系列"性的旅游文创产品。如以十二花神为文化主题设计的香包。香包内对应季节装入不同的药草,具有保健功能。这样的文创产品既可以带来凝固在空间里的以当季花神为主题的文创产品,也可以随着物候变化进行不同月份的主题香包设计,构成时空交错出的系列性的季节性文创旅游产品。

　　综上所述,文化 IP 影响着场景的搭建,场景为体验的实现创造着空间和时间。这种凝固在空间中的文化元素也好,流淌在时间里的文化元素也好,都是在文化 IP 投射下产生的文创产品。只是前者开发出的产品相对比较单一,后者再加上时间维度后产品便变得丰富起来。虽然产品的影响力大小受到三者共同的作用,但是产品的丰富性主要受到文化 IP 的影响。因此,在文化 IP 设计时,如果待开发的文化 IP 本身比较简单,可以再叠加一个合适的文化 IP 丰富其时间维度,以便更好地进行产品的设计,扩大产品影响力。让文创产品成为一个可以讲述某个城市、某个地域特有故事的产品,在这个故事中有各种场景,有着众多非遗文化,有着低、中、高端各类商品,是一个让人忍不住随物候变化不断分享自己惊喜体验的产品(图 5-4-56)。

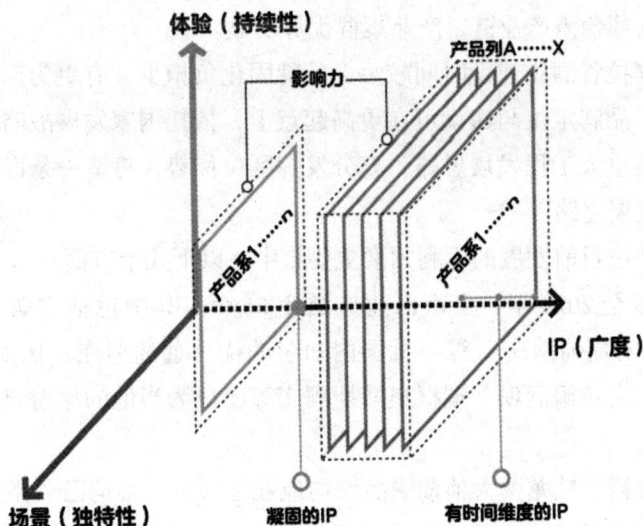

图 5-4-56　IP、场景和体验对文创产品开发的影响

十一、葡萄酒系列文创产品设计

（一）我国红酒历史与现状调研

葡萄酒在我国的酿造与饮用，至今已有两千多年的历史；它起于汉魏，灿于盛唐，盛于元代，渐微于明清，再次复兴于清末民初。在中国，与其将葡萄酒定位成一种酒精饮料，倒不如说是一种文化媒介；与其说是一种文化媒介，倒不如说是一种生活方式。时代越开放包容，葡萄酒的饮用愈兴盛。它在我国的历史，亦是我国与西方文化对撞交流、融合发展的历史。

（二）瀑拉谷酒庄发展现状分析

瀑拉谷酒庄以"葡萄酒"为线索，集品酒教学、艺术展览、度假休闲、山地运动为一体；一、二、三产业融合；旅游文化产业协调发展的企业，致力于打造多产业融合的平台，形成"葡萄酒＋"生活方式。

概括起来，瀑拉谷酒庄发展优势主要集中于以下几个方面：

其一，烟台是山东半岛的中心城市之一，环渤海地区重要的港口城市，也是山东省新旧动能转换"三核"城市之一，国家"一带一路"战略重点建设港口城市。是国家历史文化名城，全国文明城市。

其二，烟台是我国葡萄酒重要产区之一，是亚洲唯一的国际葡萄酒城；张裕、威龙两大葡萄酒品牌均地处于此，张裕集团更是有 127 年的历史，全国闻名。烟台具备完成的葡萄酒产业链，产业集群优势明显。

其三，瀑拉谷酒庄建设时间较短，品牌固化负担少，有更为广阔的成长空间与后发优势。品牌定位与建设可在更高起点上，依托国家发展战略，结合山东省新旧动能转换重大工程发展思路，充分发挥区位优势，打造一条以葡萄酒产业为核心的特色发展之路。

瀑拉谷酒庄目前发展的不利因素主要集中在以下几个方面：

其一，截至 2020 年，全市已建成酒庄 66 个，其中包括"烟台产区六大名庄""十大休闲葡萄酒庄"等一批国内知名的优秀葡萄酒庄，比如苏各兰酒堡、国宾酒庄、西夫拉姆酒堡、瑞枫奥塞斯酒庄等已成为当地的旅游热点，相同业态竞争激烈。

其二，张裕、威龙两大葡萄酒品牌均地处烟台，且均已 A 股上市，张裕集团更是有 127 年的历史。两大葡萄酒品牌国内知名度高，产品研发生产实力强、销售渠道广、资金雄厚。因此，单就目前而言，瀑拉谷品牌红酒系列产品在品质上仍很难与之竞争。

其三，现有瀑拉谷品牌性格较模糊，文化内涵较单薄，传播特征不明显，品牌认知度不高。

（三）瀑拉谷品牌文化对位与文创产品设计

瀑拉谷葡萄酒作为新生品牌，没有张裕、威龙、通化、莫高等品牌的文化形象固化负担，完全可以在新的文化定位上跳出烟台一域局限，发挥后发优势，依托山东省，乃至我国丰富的历史文化资源，重新定义葡萄酒文化，讲好中国的"葡萄酒文化故事"。以葡萄酒产品为媒介，"以酒承文""以酒载道""以酒为礼"，成为山东省乃至中国与"一带一路"沿线国家对外交流的重要礼品，呈现出齐鲁文脉、中国气派、国礼水平、国际标准的品牌样貌。

瀑拉谷葡萄酒系列产品分别选取"儒风""齐韵""岱揽""海晏""河清"五组关键词，分别提取黄琮、苍璧、编钟、铜饶、泰山、昆箭山、崂山、海水江崖纹、运河荷花、黄河鲤鱼等文化意象，赋予酒瓶、酒杯、醒酒器、酒刀、酒塞等酒具类产品，表现山东省周鲁文化、齐国文化、泰山文化、海洋文化，黄河文化等五个主题。全方位，多视角，立体化展示山东省资源。以葡萄酒为介质，深度挖掘齐鲁文脉，塑造中国气派，形成中国葡萄酒文脉塑造的典型品牌形象。

1. "儒风"文化点提炼

文字特征描述：儒家雍容典雅，中正平和的气质风貌；产品味觉体验描述：醇馥幽郁，回味悠长；产品包装色彩描述：海岱蓝＋沃土黄；文创产品形态符号：黄琮形态转化为酒瓶，苍璧形态转化为醒酒器。

《左传·成公·成公十三年》，"国之大事，在祀与戎"。《周礼·春官·大宗伯》载："以玉作六器，以礼天地四方，以苍璧礼天，以黄琮礼地，以青圭礼东方，以赤璋礼南方，以白琥礼西方，以玄璜礼北方。"古代以玉作瑞信之物，用于朝聘，故名"六瑞"。玉有六德即细、洁、润、腻、温、凝。孔子以"君子于玉比德""温润而泽比于仁；缜密以栗比于智；廉而不别比于义；垂之如坠比于礼；扣之其声清越以长，比于乐；瑕瑜不掩比于忠；孚尹旁达比于信"，因而"君子无故，玉不去身（《礼记·玉藻》)"。

玉璧是我国传统的玉礼器之一，其用途一为祭器，用作祭天、祭神、祭山、祭海、祭河、祭星等；二为礼器，用作礼天或作为身份的标志，《周礼春官宗伯·典瑞》

所云："子执毅璧，男执蒲璧"；三为佩饰；四作砝码用的衡；五作辟邪和防腐。其形制可根据玉璧边缘与中孔的比例关系，将其分为璧、瑗、环三种。《尔雅·释器》载："肉倍好谓之璧，好倍肉谓之瑗，肉好若一谓之环。"因此，宽边而小孔的谓之璧，窄边而大孔的谓之环，边与孔相当的谓之瑗。玉璧纹样虽多，但常见的为涡纹（水涡）、蒲纹（蒲席纹）、勾连雷纹（方折回旋纹）、谷纹（蝌蚪纹）等。而琮是一种内圆外方的筒形玉器，"琮八方，象地"，外八角而内圆，八角取义八方象地之形，中虚圆以应无穷象地之德，故以祭地。

2."齐韵"文化点提炼

文字特征描述：齐国钟鸣鼎食，时和岁丰，齐韶纯正优雅、尽善尽美。产品味觉体验描述：百转千回，纯正优雅。产品包装色彩描述：海岱蓝＋钟鼎红；文创产品形态符号：以编钟、铜铙形态转化为酒杯。

《论语》中有"孔子在齐闻《韶》，三月不知肉味"，可见齐国的韶乐达到了"尽善"与"尽美"的程度。《诗经·齐风》共十一篇，是先秦时代齐国地方民歌。

编钟，华夏民族古代的打击乐器，是钟的一种。编钟兴起于周朝，盛于春秋战国直至秦汉，主要可用于宫廷祭祀和宴乐。铙，又称钲，执钟，古代使用的青铜打击乐器之一，最初用于军中传播号令。铜铙流行于商代晚期，周初沿用。商周的铙不单用于军旅，且可用于祭祀和宴乐。本设计以编钟、铜铙为酒杯的内部形态文化符号（图 5-4-57）。

图 5-4-57 "齐韵"酒杯

3."岱揽"文化点提炼

文字特征描述：岱宗夫如何？齐鲁青未了。产品味觉体验描述：气韵生动，流光溢彩。产品包装色彩描述：海岱蓝＋碧霞青。文创产品形态符号以泰山、昆嵛山、崂山等意象符号转化为酒刀设计（图5-4-58）。

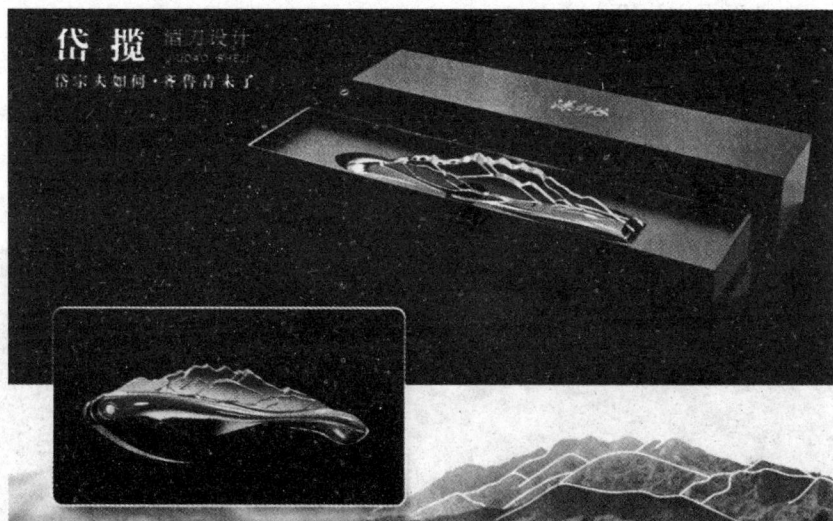

图 5-4-58　"岱揽"酒刀

泰山，又名太山、岱山、东岳等，自古便被帝王视为祭祀天地、"直通帝座"神山，《史记集解》有"天高不可及，于泰山上立封禅而祭之，冀近神灵也""东方朔赞""泰山吞西华，压南衡，驾中嵩，轶北恒，为五岳之长"，是为"五岳独尊""天下第一山"。传说自神农、伏羲封禅泰山以来，"三皇五帝"皆封禅泰山。北魏崔鸿《十六国春秋》中称昆嵛山为"海上仙山之祖"，传说蓬莱、方丈、瀛洲三仙岛，皆为昆嵛山所衍生，因此，昆嵛山我省重要的道教大山。崂山，是中国海岸线第一高山，有海上"第一名山"。唐宋之后，崂山道教建筑逐步增多，元明王重阳、邱处机在此聚徒修炼后，达到鼎盛，遂有崂山"九宫八观七十二庵"之盛之称。该设计以泰山、昆嵛山、崂山等山东重要山脉为视觉意象，向酒刀形态转化。

4. "海晏"文化点提炼

文字特征描述：海纳百川，气象万千。"河清海晏"一词出自唐·郑锡《日中有王子赋》，比喻沧海波平，黄河水清，天下太平；产品包装色彩描述：海纳蓝；文创产品形态符号：以"海水江崖纹"转化向酒架形态转化。

山东省是海洋大省，海岸线长3000多公里，占全国的1/10。拥有海湾200余处。山东半岛蓝色经济区，是中国第一个以海洋经济为主题的区域发展战略，是中国区域发展从陆域经济延伸到海洋经济、积极推进陆海统筹的重大战略举措。

规划主体区范围包括山东全部海域和青岛、烟台、威海，潍坊，淄博、东营，日照等八市及滨州的无棣、沾化两个沿海县所属陆域，海域面积 15.95 万平方公里，陆域面积 6.4 万平方公里。

"海水江崖纹"是中国的一种传统纹样（图案），俗称"江牙海水""海水江牙"，常饰于古代服装下摆的吉祥纹样。图案下端，斜向地排列着弯曲线条，名谓水脚，水脚之上有许多波涛翻滚的水浪，水中立一山石，并有祥云点缀。它寓意福山寿海，江山一统（图 5-4-59）。

图 5-4-59　"海晏"酒托

5. "河清"文化点提炼

文字特征描述：生生不息，岁月静好。产品包装色彩描述：海岱蓝＋澄澈绿。文创产品形态符号：以运河荷花与黄河鲤鱼，作为形态意象，向酒（瓶）塞设计转化。

流经山东的两条主要河流，一为黄河，它是华夏民族的母亲河，文化之河；一为京杭大运河，它是连接南北的运输河，是经济之河。山东境内由运河所贯通的微山湖、东平湖多荷花，荷花有"出淤泥而不染，濯清涟而不妖（《爱莲说》）"的高尚品质。有"接天莲叶无穷碧，映日荷花别样红（《晓出净慈寺送林子方》）"的动人气质，历来为诗人墨客歌咏绘画的题材之一。鲤鱼，是我国流传最广的吉祥物。孔子二十岁时得子，鲁昭公派人送来一条大鲤鱼，表示祝贺。孔子因此给自己的儿子取名为孔鲤，字伯鱼。《诗经·陈风·衡门》有"岂其娶妻，必齐之姜；岂其食鱼，必河之鲤"，将鲤鱼与婚姻相联系，后世因以"鱼水合欢"祝福美满姻缘。"鲤鱼跃龙门"还予以了"望子成龙、化鱼为龙"的美好祝福。"四孔鲤鱼"为黄河特产，亦有美好传说（图5-4-60）。

图 5-4-60　"河清"瓶塞

参考文献

[1] 孟宪航 . 视觉手札 文创产品设计中的视觉要素传达 [M]. 成都：成都时代出版社，2021.

[2] 康鑫 . 视觉传达中的新民艺文创设计 [M]. 长春：吉林大学出版社，2021.

[3] 齐振伦 . 新媒体视域下视觉传达研究 [M]. 哈尔滨：东北林业大学出版社，2020.

[4] 刘海婷 . 新媒体语境下视觉传达设计教育的发展趋势研究 [D]. 杭州：浙江工业大学，2014.

[5] 刘维尚 . 基于视觉传达语境下的武强年画再生性设计研究 [D]. 秦皇岛：燕山大学，2014.

[6] 戚琦 . 视觉传达设计与民族文化符号相结合研究 [D]. 兰州：西北民族大学，2014.

[7] 严晨 . 现代视觉传达设计中的多感官表达研究 [D]. 芜湖：安徽工程大学，2013.

[8] 李奎霞 . 中国视觉传达设计中传统文化符号研究 [D]. 延吉：延边大学，2012.

[9] 张依倩 . 新媒体背景下博物馆视觉文化传播研究 [D]. 长沙：湖南大学，2019.

[10] 陆燕 . 湖南省文创产品设计教育特色研究 [D]. 长沙：湖南师范大学，2018.

[11] 王健 . 关于视觉传达设计与文化创意产业发展的断想 [J]. 包装工程，2017，38（16）：63-66.

[12] 王玉珏 . 视觉传达艺术元素在农产品文创设计中的应用——评《文创设计》[J]. 热带作物学报，2021，42（01）：381-382.

[13] 杨荣倩 . 洱海白族水文化的视觉传达方式变迁与视觉转向颤变 [J]. 中国民族博览，2021（02）：197-200.

[14] 陈敬良 . 文化创意产业背景下视觉传达设计专业人才培养研究 [J]. 湖南包装，2019，34（05）：129-131.

[15] 袁原 . 试论基于旅游文创产业发展下的视觉传达设计教学改革 [J]. 新闻研究导刊，2019，10（23）：52+64.

[16] 崔冰清 . 中国传统文化元素在现代文创产品设计中的应用 [J]. 大众文艺，2020（02）：74-75.

[17] 钟胤潇 . 新媒体艺术与视觉传达设计的不期而遇 [J]. 大众文艺，2020（02）：110-111.

[18] 刘彤 . 浅谈视觉传达艺术在文创产品设计中的表现 [J]. 西部皮革，2020，42（02）：22.

[19] 雏丹 . 徽州木雕艺术纹样在视觉传达设计中的应用 [J]. 西部皮革，2020，42（09）：57+64.

[20] 陈晓晓 . 民办院校开设文创设计方向课程的教学探索——以视觉传达专业为例 [J]. 美术教育研究，2020（07）：103-105.

[21] 王亚明，吴平 . 文化传承视角下的竹编工艺文创产品设计 [J]. 包装工程，2020，41（20）：24-29.

[22] 周美玉，孙昕 . 博物馆文创产品设计研究 [J]. 包装工程，2020，41（20）：1-7.

[23] 陈如新 . 文创产业园的视觉形态设计与传播 [D]. 南京：南京艺术学院，2018.

[24] 程芳慧 . 公益项目中视觉传达设计的路径与价值 [D]. 南京：南京艺术学院，2018.

[25] 杨川 . 视觉传达工作室项目导入制教学探索——以金陵竹刻文创产品开发为例 [J]. 美术教育研究，2019（20）：46-48.

[26] 游天保 . 视觉传达设计中动物图形提取与应用研究 [D]. 合肥：合肥工业大学，2020.

[27] 刘冰雪 . 视觉传达艺术在文创产品设计中的作用表现研究 [J]. 参花（下），2020（06）：112.

[28] 陈姣 . 荆楚纹饰在视觉传达设计中的当代创新 [D]. 荆州：长江大学，2019.

[29] 彭媛媛 . 基于旅游文创产业发展下视觉传达设计教学改革的研究 [J]. 大众文艺，2018（15）：190.

[30] 杨慧子 . 非物质文化遗产与文化创意产品设计 [D]. 北京：中国艺术研究院，2017.